Caderno do Futuro
A evolução do caderno

GEOGRAFIA

9º ano
ENSINO FUNDAMENTAL

3ª edição
São Paulo - 2013

Coleção Caderno do Futuro
Geografia
© IBEP, 2013

Diretor superintendente	Jorge Yunes
Gerente editorial	Célia de Assis
Editor	Renata Regina Buset
Assistente editorial	Felipe Passos
Revisão	André Odashima
	Maria Inez de Souza
Coordenadora de arte	Karina Monteiro
Assistente de arte	Marilia Vilela
	Nane Carvalho
	Carla Almeida Freire
Coordenadora de iconografia	Maria do Céu Pires Passuello
Assistente de iconografia	Adriana Neves
	Wilson de Castilho
Cartografia	Conexão Editorial
	Maps World
	Mario Yoshida
Produção gráfica	José Antônio Ferraz
Assistente de produção gráfica	Eliane M. M. Ferreira
Projeto gráfico	Departamento de Arte Ibep
Capa	Departamento de Arte Ibep
Editoração eletrônica	N-Publicações

CIP-BRASIL. CATALOGAÇÃO-NA-FONTE
SINDICATO NACIONAL DOS EDITORES DE LIVROS, RJ

P682g
3.ed

Piffer, Osvaldo Liscio de Oliveira
    Geografia : 9° ano / Osvaldo Liscio de Oliveira Piffer. - 3. ed. - São Paulo : IBEP, 2013.
    il. ; 28 cm   (Caderno do futuro)

    ISBN 978-85-342-3563-1 (aluno) - 978-85-342-3567-9 (mestre)

    1. Geografia - Estudo e ensino (Ensino fundamental). I. Título. II. Série.

12-8682.   CDD: 372.891
    CDU: 373.3.016:9

27.11.12   03.12.12   041064

3ª edição - São Paulo - 2013
Todos os direitos reservados.

Av. Alexandre Mackenzie, 619 - Jaguaré
São Paulo - SP - 05322-000 - Brasil - Tel.: (11) 2799-7799
www.editoraibep.com.br   editoras@ibep-nacional.com.br

Impressão - Gráfica Capital - Novembro 2016

SUMÁRIO

MUNDO

1. A ordem mundial em diferentes épocas 4
2. A dinâmica das transformações 7
3. O período entreguerras 10
4. A disputa pela hegemonia mundial: Segunda Grande Guerra 14
5. A bipolarização do pós-guerra 17
6. Da Guerra Fria à multipolarização 21
7. A desintegração da União Soviética 25
8. O mundo global 28
9. O novo papel da ONU 30

EUROPA

10. As terras da Europa – O relevo, os rios, os lagos 33
11. As florestas e os campos na homogeneidade do clima europeu 39
12. O espaço humanizado 46
13. A população nas terras da Europa 50
14. O desenvolvimento urbano na Europa 55
15. Economia europeia 59
16. Os transportes e a União Europeia 65
17. CEI: Comunidade dos Estados Independentes 70
18. A Rússia e a economia da CEI 76

ÁSIA

19. Uma história colonial 81
20. As terras da Ásia 83
21. Os contrastes da paisagem natural 87
22. A explosão demográfica 91
23. Oriente Médio 94
24. Os conflitos no Oriente Médio 98
25. O Sudeste Asiático 102
26. Tigres Asiáticos, Apec e Asean 106
27. Índia 109
28. Japão 112
29. China 115

ÁFRICA

30. Os efeitos da colonização 117
31. A divisão política 120
32. A paisagem natural 121
33. O povo no quadro demográfico 125
34. Os conflitos internos 129
35. A regionalização do continente 131
36. A economia da África 138
    Miniatlas 142

ESCOLA

NOME

PROFESSOR

HORA	SEGUNDA	TERÇA	QUARTA	QUINTA	SEXTA	SÁBADO

PROVAS E TRABALHOS

 MUNDO

1. A ordem mundial em diferentes épocas

Os diversos momentos históricos vividos pela sociedade transformam o espaço do globo terrestre, ora agrupando, ora fragmentando e ordenando, isto é, estabelecendo novas ordens geopolíticas.

Há séculos e até milênios, a regra geral é de ascensão e queda de grandes potências econômicas e militares pela hegemonia do mundo.

Essa alternância no poder e na supremacia internacional tem construído um mundo com diversas expressões espaciais, em diferentes épocas.

> *hegemonia* – *preponderância de uma cidade, de um país ou de um povo sobre outras cidades, países ou povos.*

Atualmente a integração direta ou indireta das diversas atividades produtivas, as relações de trabalho capitalistas, as revoluções e as guerras mundiais e a transnacionalização da produção definem e redefinem a estrutura socioeconômica mundial, determinando mudanças na geopolítica mundial.

1. De que maneira os momentos históricos vividos pela sociedade interferem no espaço do globo terrestre?

2. O que tem construído um mundo com diversas expressões espaciais, em diferentes épocas?

3. Identifique os fatores que definem atualmente a estrutura socioeconômica mundial.

4. De que maneira esses fatores interferem atualmente na geopolítica mundial?

5. Qual foi o papel das navegações do século XVI na criação de um sistema mundial?

6. Que fatores impulsionaram as transformações na consolidação do sistema mundial?

Sistema mundial

A criação de um sistema mundial surgiu com a expansão do Mundo Ocidental. As navegações do século XVI iniciaram o processo global, ampliando o domínio do Mundo Ocidental a outras partes do planeta.

A incorporação de novas terras, na forma de colônias, garantiu a expansão do comércio; mas foi o que se seguiu, como o processo de industrialização, que impulsionou as transformações na consolidação do sistema mundial.

Velho, Novo e Novíssimo mundo

O mundo já foi dividido em Velho, Novo e Novíssimo. Já foi estudado, por suas características culturais e ideológicas, como Mundo Oriental e Mundo Ocidental. Partiu-se em três: Primeiro, Segundo e Terceiro Mundos.

Separou-se entre capitalistas e socialistas, desenvolvidos e subdesenvolvidos com até uma terceira opção: "em desenvolvimento". Nessa concepção, o espaço mundial dividiu-se entre países ricos – do Norte – e países pobres – do Sul.

chamada **aldeia global**, uma expressão que relativiza as distâncias geográficas, em função do poder dos meios de comunicação e da economia de escalas mundiais.

7. De que maneiras o mundo já foi dividido?

8. Vimos que o mundo já foi dividido de diferentes maneiras. Do que resulta o mundo atual?

9. Explique a expressão "aldeia global".

Aldeia global

O mundo atual é produto das interações das velhas e das novas ordens mundiais, acrescentado de tecnologia e preocupação com o ambiente. Nessa concepção, o mundo juntou-se na

2. A dinâmica das transformações

Na segunda metade do século XVIII, o mundo passou por um processo de transformação econômica e social, com um novo modo de produção capitalista: a Revolução Industrial.

A origem da Revolução Industrial deu-se na Inglaterra, por vários motivos: o acúmulo de capitais, a reserva de carvão mineral, o avanço tecnológico, a disponibilidade de mão de obra e a existência de mercados consumidores, – da África, da Índia e das Américas –, para exportar produtos industrializados e importar matérias-primas.

1. Qual foi o novo modo de produção capitalista que transformou o mundo na segunda metade do século XVIII?

Evolução tecnológica industrial

A evolução tecnológica industrial, representada pela passagem da manufatura à mecanização, multiplicou o rendimento do trabalho e aumentou a produção de tal forma que a industrialização inglesa adiantou-se 50 anos, em relação à Europa.

2. Em princípio, a Revolução Industrial formou um sistema de poder continental europeu do qual participavam: Reino Unido, Alemanha, França, Rússia e Império Austro-Húngaro. Entretanto, sua origem deu-se na Inglaterra. Identifique os motivos que favoreceram esse surgimento.

3. De que maneira a evolução tecnológica industrial interferiu na produção?

4. Como essa evolução modificou a posição da industrialização inglesa em relação à Europa?

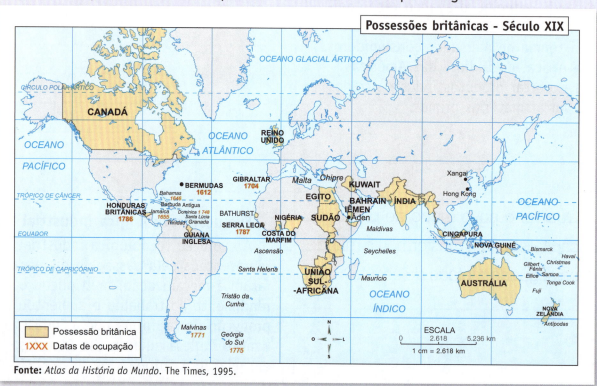

Possessões britânicas

O poder econômico fez com que a Inglaterra estendesse seus domínios pelo espaço geográfico do planeta, conforme pode ser verificado no mapa a seguir.

Fonte: *Atlas da História do Mundo*. The Times, 1995.

5. No século XIX, o Reino Unido tinha domínio sobre grande parte do mundo, tendo sob sua possessão o maior império colonial da história – mais de 33.000.000 km². Observe o mapa acima e identifique em que continentes encontravam-se as possessões de maior extensão territorial.

6. Qual a importância dessas possessões?

7. Em que se configurou a expansão da Revolução Industrial na apropriação de territórios?

8. O que fizeram algumas nações europeias para se fortalecer?

A expansão da Revolução Industrial na apropriação de territórios configurou-se na luta entre as potências capitalistas da época pela hegemonia econômica no mundo.

Blocos para fortalecer nações

Algumas nações europeias juntaram-se em blocos para se fortalecer.

O Império Alemão, o Império Austro-Húngaro e a Itália formaram a **Tríplice Aliança**, em 1882.

Em 1907, a Rússia uniu-se à França e à Inglaterra – **Tríplice Entente** – para contrapor-se ao expansionismo colonial e ao exaltado nacionalismo da Alemanha.

Primeira Guerra Mundial

Com interesses econômicos que conflitavam, pois competiam pela posse de territórios e matérias-primas, as grandes potências organizadas em alianças militarizaram-se, estabelecendo entre si verdadeira corrida armamentista, e deflagraram a Primeira Guerra Mundial (1914–1918).

9. Responda às questões a seguir.

a) Quem formava a Tríplice Aliança?

b) Quem formava a Tríplice Entente? Qual era o seu propósito?

10. Responda às questões a seguir.

a) Por que os interesses econômicos das grandes potências conflitavam?

b) O que fizeram, então, as grandes potências organizadas em alianças?

3. O período entreguerras

> Com a entrada dos Estados Unidos na Primeira Guerra Mundial, as forças aliadas (Tríplice Entente) se fortaleceram e venceram o conflito, impondo pesadas perdas à Alemanha.

> A Alemanha sofreu desmembramento de seu território no continente europeu e no seu império colonial.

1. O que ocorreu com a entrada dos Estados Unidos na Primeira Guerra Mundial?

2. O que ocorreu com o império colonial alemão?

3. Observe o mapa da partilha da África, a seguir, e identifique os territórios que, antes de 1914, pertenciam à Alemanha.

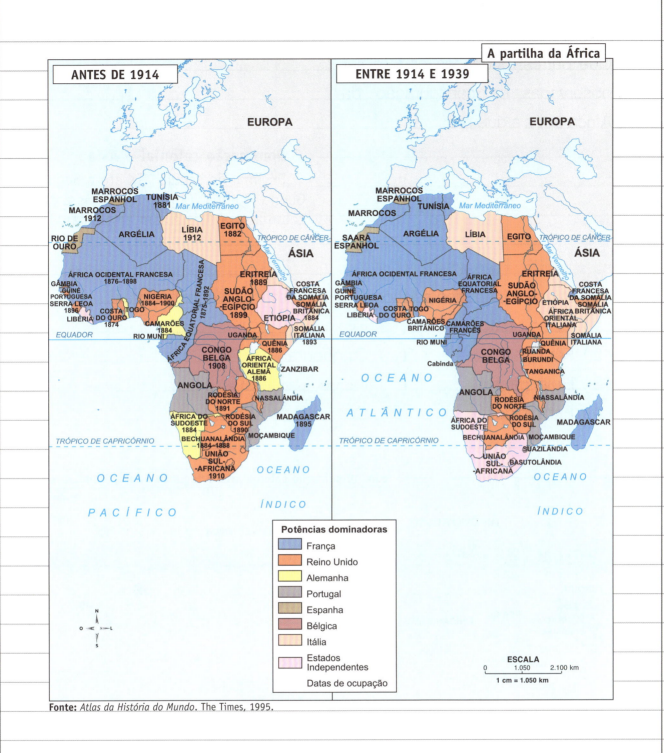

4. Para que potências foi entregue o domínio desses territórios no período entreguerras?

5. Que outras mudanças podem ser observadas na configuração da África após a guerra?

> **Dominação colonial – Ásia**
> Do final do século XIX até a Segunda Guerra Mundial (1939–1945), as áreas coloniais na Ásia foram ampliadas.

6. Relacione os territórios asiáticos com as potências dominadoras.

(1) Reino Unido   ( ) Filipinas
(2) França   ( ) Cingapura
(3) Holanda   ( ) Iraque
(4) Est. Unidos   ( ) Coreia
(5) Japão   ( ) Líbano

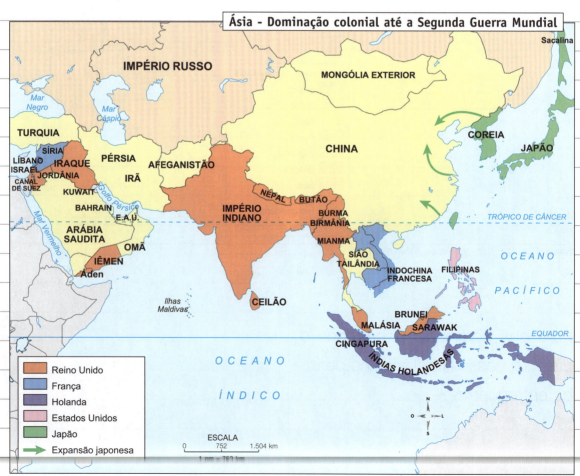

Fonte: *Atlas da História do Mundo*. The Times, 2002.

Revolução Bolchevista

Foi no contexto da Primeira Guerra Mundial que, em 1917, aconteceu a Revolução Bolchevista na Rússia, que alterou as fronteiras do antigo Império Russo com a independência dos países bálticos: Lituânia, Letônia e Estônia.

Ao final da Primeira Guerra, assim como o Tratado de Versalhes, que penalizava a Alemanha, também foi assinado o Tratado de Saint-Germain, determinando a fragmentação do Império Austro-Húngaro com a criação de novos Estados: Polônia, Tchecoslováquia, Hungria, Áustria e Iugoslávia.

7. Responda às questões a seguir.

a) Quais são os países bálticos?

b) Que acontecimento histórico propiciou a sua independência?

8. Qual foi o tratado que penalizava a Alemanha ao final da Primeira Guerra?

9. O que determinava o Tratado de Saint-Germain?

10. Quais Estados foram criados a partir da fragmentação do Império Austro-Húngaro?

A União Soviética

A União Soviética nasceu, em 1922, como consequência da Revolução Russa que derrotou o domínio dos czares.

Era constituída por 15 repúblicas soviéticas socialistas: Rússia, Estônia, Letônia, Lituânia, Ucrânia, Belarus (Bielo-Rússia), Casaquistão, Armênia, Azerbaijão, Geórgia, Moldávia, Quirguízia (Quirguistão), Tadjiquistão, Turcomênia (Turcomenistão) e Uzbequistão.

11. Escreva as 15 repúblicas socialistas que constituíam a União Soviética.

4. A disputa pela hegemonia mundial: Segunda Grande Guerra

Apesar dos impérios territoriais britânico e francês, foram os Estados Unidos que saíram da Primeira Guerra como o país mais rico do mundo.

Antes devedores da Europa, os americanos conseguiram, principalmente com a venda de armamentos, reverter o quadro, passando a ser seus maiores credores, pois realizaram empréstimos para a França e a Inglaterra. Além disso, a Europa estava com suas instalações físicas arrasadas pela guerra, enquanto os Estados Unidos praticamente pouco sofreram nesse sentido.

Para pagar suas dívidas, França e Inglaterra esperavam receber as indenizações devidas pela Alemanha conforme o Tratado de Versalhes estabelecia.

Então, os Estados Unidos prestavam auxílio econômico à Alemanha para que este país, por meio dos empréstimos, pudesse reerguer seu potencial econômico para pagar à França e à Inglaterra, e estas nações, por sua vez, também pudessem pagar aos Estados Unidos.

Nos Estados Unidos, a ampliação das indústrias e das extensões cultivadas, a mecanização e a racionalização da mão de obra geraram uma superprodução agrícola e industrial que o mercado europeu já não consumia com o final da guerra.

1. Responda às questões a seguir.

a) Que país saiu da Primeira Guerra Mundial como o país mais rico do mundo?

b) Como esse país conseguiu passar de devedor da Europa para seu principal credor?

2. Como se encontravam as instalações físicas da Europa após a Primeira Guerra? E os Estados Unidos?

Produção > Consumo

produção > consumo =
- aumento de estoques
- baixa dos preços
- desemprego
- falência de bancos
- crise

A quebra da Bolsa de Nova York

A quebra da Bolsa de Nova York – marco histórico da **Crise de 1929**, que foi uma das maiores crises econômicas do capitalismo – resultou da euforia do povo americano que aplicou na Bolsa de Valores ambicionando uma riqueza artificial, baseada na especulação e na transação de papéis.

3. Qual era a importância do Tratado de Versalhes para a França e para a Inglaterra?

4. Qual foi a estratégia adotada pelos Estados Unidos para receber os pagamentos das dívidas da França e da Inglaterra?

5. O que ocorreu com a ampliação das indústrias e extensões cultivadas dos Estados Unidos, além da mecanização e da racionalização da mão de obra?

6. Quais foram as consequências, para os Estados Unidos, da relação desigual entre produção e consumo?

ceiras e territoriais – deixou-os frágeis e acessíveis à implantação de um regime totalitário de direita: o **fascismo**.

> *fascismo* – *sistema político nacionalista, imperialista, antiliberal e antidemocrático.*
>
> *nazismo* – *é uma forma de fascismo: é o fascismo alemão.*

7. Responda às questões a seguir.

a) O que foi a Crise de 1929?

8. Responda às questões a seguir.

a) O que favoreceu a implantação de regimes totalitários de direita na Alemanha e na Itália?

b) Do que resultou a quebra da Bolsa de Nova York?

b) Explique o que significam fascismo e nazismo.

Fascismo
O estado de miséria em que ficaram os países – principalmente a Alemanha, e até a Itália, que mesmo vencendo a guerra não teve compensações finan-

Alemanha nazista
Querendo expandir seu território, em 1938 a Alemanha nazista anexa a Áustria, ocupa a maior parte da Tchecoslováquia e, em 1939, invade a Polônia. Só então, França e Inglaterra,

que vinham "fechando os olhos" à militarização da Alemanha, declararam-lhe guerra. Os conflitos bélicos estendiam-se pela Ásia e África. Por exemplo: o Japão invadiu a China, e a Itália, a Etiópia. Era o avanço do Eixo = Alemanha + Itália + Japão.

O Holocausto

Uma das maiores atrocidades cometidas na Segunda Guerra Mundial foi o Holocausto, caracterizado pelo extermínio de aproximadamente seis milhões de judeus, em nome do "purismo étnico" apregoado pelo nazismo liderado por Adolf Hitler na Alemanha.

9. Quando e como iniciou-se a Segunda Guerra Mundial?

10. Que países compunham o Eixo?

11. O que foi o Holocausto?

5. A bipolarização do pós-guerra

O final da Segunda Guerra marcou um momento de reorganização do espaço mundial, com o domínio dos países que venceram (Estados Unidos e União Soviética) sobre os que perderam.

Berlim destruída após a Segunda Guerra Mundial.

Os Estados Unidos passaram à condição de potência hegemônica capitalista, substituindo as potências europeias enfraquecidas pelos efeitos da guerra. E, no outro polo, a União Soviética assume a hegemonia entre os países socialistas.

Pelos Tratados de Yalta (na Crimeia Soviética), Potsdam (nos arredores de Berlim) e outros, com a participação dos "países aliados" (Inglaterra, França, Estados Unidos) e a União Soviética, determinou-se a divisão da Alemanha em zonas de ocupação militar.

O Tratado de Yalta

O Tratado de Yalta também dividiu a Coreia (na Ásia): o sul ficou sob influência norte-americana e o norte, sob influência soviética.

1. O que caracterizou o momento de reorganização do espaço mundial ao fim da Segunda Grande Guerra?

2. A que condição passaram os Estados Unidos?

3. E a União Soviética?

4. Que tratados determinaram a divisão da Alemanha em zonas de ocupação militar?

5. Que países participaram desses tratados?

6. Observe o mapa e preencha as lacunas dos textos referentes à divisão da Alemanha.
   a) As zonas dos _____ – inglesa, francesa e americana – ficaram na parte _____, constituindo a República Federal Alemã.

   b) A zona de ocupação militar _____ ficou na parte _____, dando origem à República Democrática Alemã.

   c) Até a capital alemã, _____, situada no lado _____, foi dividida em duas áreas de ocupação: uma dos _____ e outra _____.

7. O Tratado de Yalta estabeleceu também que o leste da Europa ficaria sob a hegemonia da União Soviética, pois essa área foi de ação e ocupação das tropas soviéticas na luta contra as forças nazistas da Alemanha. Nascia, assim, o que se chamou de "Leste Europeu". Observe o mapa e identifique os países governados pelos Partidos Comunistas.

8. Como foi dividida a Coreia?

19

Descolonização

A conclusão da Segunda Guerra Mundial também deu origem a um processo chamado de descolonização, ou seja, o desmanche do imperialismo europeu, aliado a três fatores básicos:

- além de a Itália ter suas colônias redistribuídas, Inglaterra e França não tinham como manter as antigas estruturas coloniais;
- crescia nas colônias o movimento revolucionário pela independência;
- os Estados Unidos visavam expandir o seu domínio sobre todo o mundo capitalista, e o faziam utilizando novas estruturas mais eficientes no processo de exploração dos povos coloniais juridicamente libertados.

Capitalismo x Socialismo = Guerra Fria

Os Estados Unidos estabeleceram sua liderança sobre os velhos impérios europeus e desenvolveram uma política ainda mais imperial sobre os países que, então, formaram o chamado "Terceiro Mundo", utilizando seu poderio econômico e militar.

O antigo Império Russo, por sua vez, transformado em uma confederação de repúblicas (URSS), expandiu os seus domínios e tornou-se o grande rival dos Estados Unidos numa guerra entre duas ideologias.

9. Responda:

a) O que foi o processo de descolonização?

b) Identifique os fatores que contribuíram para a descolonização.

10. Responda às questões a seguir.

a) O que os Estados Unidos fizeram do lado capitalista da Guerra Fria?

b) E a União Soviética do lado socialista?

6. Da Guerra Fria à multipolarização

> Teoricamente, a Guerra Fria seria apenas um estado de tensão entre as grandes potências mundiais que dividiram o mundo em dois blocos: um capitalista, liderado pelos Estados Unidos, e outro socialista, sob influência da União Soviética.
>
> Mas essa luta ideológica entre as duas potências desencadeou, além do processo de conquista de novas áreas de influência, um aperfeiçoamento tecnológico a partir do setor bélico.
>
> Apesar de não se declararem guerra diretamente, Estados Unidos e União Soviética valeram-se da luta armada e de combates regionais para firmar, cada qual, sua hegemonia.

1. Teoricamente, o que seria a Guerra Fria?

2. O que essa luta ideológica desencadeou?

3. Relacione os textos aos principais conflitos da Guerra Fria.

Principais conflitos da Guerra Fria	
1. 1947/1961	Crise de Berlim
2. 1948/1990	Conflito árabe-israelense
3. 1954/1975	Guerra do Vietnã
4. 1950/1953	Guerra da Coreia
5. 1961/1962	Crise cubana (Crise dos Mísseis)

Fonte: Claudio Vicentino e Reinaldo Scalzareto. *Cenário mundial – a nova ordem internacional.* São Paulo: Scipione, 1992.

( ) O país foi dividido pelo paralelo 38°N em 1945, tendo ao norte presença soviética e ao sul, norte-americana. Em 1950, quando o norte invadiu o sul, teve início um grande conflito envolvendo as superpotências. Em 1953, firmou-se a paz de Pan Munjon, restabelecendo as fronteiras anteriores à guerra.

( ) Local de interesse estratégico e econômico (petróleo) que atraiu apoio direto dos Estados Unidos e da União Soviética, aprofundando as crises regionais. Permeada por períodos de paz e agravamento, a questão constituiu um dos principais polos de conflito do pós-guerra.

( ) Bloqueios e atritos sucessivos entre os blocos rivais culminaram na construção do Muro, em 1961.

( ) Refugiados cubanos, com apoio dos Estados Unidos, tentaram invadir Cuba em 1961, no episódio da Baía dos Porcos. Em 1962, os Estados Unidos ameaçaram com a guerra total, caso os soviéticos não desmontassem as rampas de lançamento de mísseis instaladas na ilha (Crise dos Mísseis).

( ) O norte comunista lutou contra a presença norte-americana no sul até abril de 1975. Foi a mais destruidora das guerras locais em meio à bipolarização Leste-Oeste. Em 1975, o Vietnã foi reunificado.

4. Observe o mapa e identifique as principais áreas de influência do socialismo, especificando a que continentes pertencem.

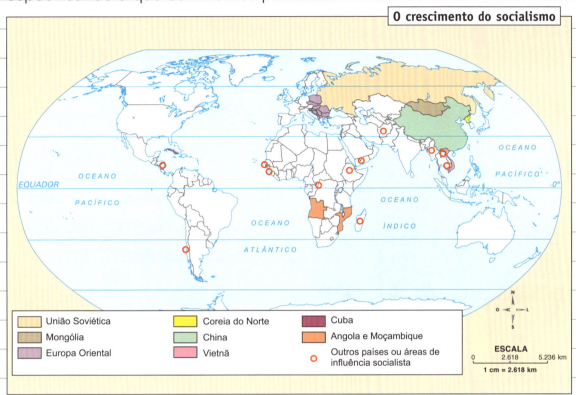

Fonte: *Atlas of European History*. Times Books, 1994.

O bloco socialista

O bloco socialista fortaleceu-se principalmente com a Revolução Chinesa (1949) e a Guerra da Coreia (1951), quando entrou em confronto direto com o bloco capitalista. E, no início dos anos 1960, estendeu sua influência ao continente americano com a Revolução Cubana.

Propaganda anticomunista

Os Estados Unidos sempre procuraram conter a expansão socialista e, por outro lado, estender a sua dominação. Isso se fez também por meio de violenta propaganda anticomunista, marca dessa época no mundo capitalista.

Vietnã do Sul

Os estrategistas norte-americanos identificaram o Vietnã do Sul como porta de entrada do socialismo na Indochina.

Soldados em combate no Vietnã.

Ao mesmo tempo, o país representava um ponto estratégico, no Sudeste asiático, para atender aos interesses geopolíticos e econômicos do capitalismo.

7. Qual era o interesse norte-americano pelo Vietnã?

8. A que se deveu a decisão do governo norte-americano de retirar as tropas do Vietnã?

5. Que acontecimentos históricos fortaleceram o bloco socialista?

6. Que artifício utilizaram os EUA para conter a expansão socialista?

A retirada das tropas norte-americanas

A decisão do governo norte-americano de retirar as tropas do Vietnã deveu-se, especialmente, à pressão da opinião pública e de grande parte da imprensa dos Estados Unidos.

Além disso, os temores do restante do globo de um novo alastramento do conflito, de caráter mundial, aumentou essa pressão.

O quadro bipolar da geopolítica mundial permaneceu até a década de 1980, quando a União Soviética começou a passar por reformas profundas, que levaram à nova mudança na configuração do mundo.

9. Até quando permaneceu o quadro bipolar mundial?

2. Como essa tradição democrática transformou-se numa ditadura do proletariado?

7. A desintegração da União Soviética

Com o tempo, a tradição democrática do socialismo – prioridade para os interesses dos trabalhadores, extinção da propriedade privada dos meios de produção, eliminação das diferenças entre as classes sociais, distribuição racional e justa da riqueza social – transformou-se numa ditadura do proletariado, com a centralização e o controle absoluto do Estado sobre bens e serviços, sob o monopólio do Partido Comunista no poder do Leste Europeu.

1. O que caracterizava a tradição democrática do socialismo?

Economia "fechada"

Com uma economia "fechada" e centralizada, um poder político rígido e repressivo, os países comunistas não puderam acompanhar a revolução tecnológica que marcou os países capitalistas desenvolvidos, a partir dos anos 1970.

As populações desses países não tiveram acesso à produção dos bens de consumo, os quais melhoravam o padrão de vida dos seus vizinhos ocidentais.

Daí nasceram reivindicações e manifestações populares que desmoralizaram o governo e determinaram o fim dos regimes comunistas.

A partir de 1985, teve início um processo de profundas reformas políticas e econômicas que levaram à desintegração da União Soviética.

3. Qual foi a principal consequência, para os países comunistas, da existência de um poder rígido e repressivo?

4. Por que nasceram nos países comunistas reivindicações e manifestações populares?

5. Qual a consequência dessas manifestações?

6. Observe o mapa a seguir e liste os países em que se fragmentou a URSS.

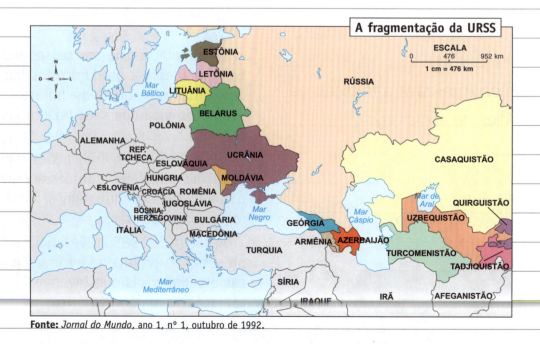

Fonte: *Jornal do Mundo*, ano 1, nº 1, outubro de 1992.

Fim da Guerra Fria

O primeiro passo, que marca o fim da Guerra Fria e a mudança do mapa da Europa e do mundo, é a "derrubada" do Muro de Berlim (9/11/1989). Nesse momento, a Alemanha Oriental (RDA) inicia sua reintegração ao capitalismo alemão. E, em 1990, a Alemanha é reunificada.

Derrubada do Muro de Berlim, em 1989.

7. Qual foi o primeiro passo que marcou o fim da Guerra Fria?

8. O que ocorreu na Alemanha após a queda do Muro de Berlim?

A Comunidade dos Estados Independentes

Com a separação, as repúblicas da Rússia, Ucrânia, Belarus, Casaquistão, Armênia, Azerbaijão, Geórgia, Moldávia, Quirguistão, Tadjiquistão, Turcomenistão e Uzbequistão reuniram-se na (CEI) Comunidade dos Estados Independentes.

Em princípio, é claro, a Rússia pretendia estabelecer sua hegemonia política e econômica na CEI. Mas, na prática, os acordos, o rublo como moeda comum e as forças armadas centralizadas não se concretizaram.

9. Que países reuniram-se na CEI?

10. Identifique os planos da Rússia para estabelecer sua hegemonia política e econômica na CEI.

8. O mundo global

No mundo global em que vivemos hoje, fazemos parte de um novo estágio da economia mundial, que rompe as fronteiras nacionais.

As fronteiras que se abrem para a globalização são mais que limites geográficos; são limites culturais, políticos e econômicos. Nessa "nova ordem", a hegemonia é exercida pelo capital e pela tecnologia, representados pelas empresas transnacionais.

A supressão das fronteiras teve início com a constituição dos conglomerados de empresas e megablocos que substituíram as superpotências, especialmente após a Guerra Fria. Foi a queda de todas as barreiras que limitavam a circulação de mercadorias, capitais, serviços e pessoas entre os países envolvidos.

Com os acordos econômicos, os países ganharam novos mercados para seus produtos e benefícios com relação à política alfandegária de outros países.

Bolsa de Valores de Nova York, EUA.

Exemplos de megablocos:
- União Europeia: formada por Alemanha, Áustria, Bélgica, Bulgária, Chipre, Dinamarca, Eslováquia, Eslovênia, Espanha, Estônia, Finlândia, França, Grécia, Hungria, Irlanda, Itália, Letônia, Lituânia, Luxemburgo, Malta, Países Baixos, Polônia, Portugal, Reino Unido, República Checa, Romênia e Suécia;
- Mercosul: formado por Brasil, Argentina, Paraguai e Uruguai e Venezuela;
- Nafta: formado pelos Estados Unidos, pelo Canadá e México;
- Pacto Asiático: formado pelos Tigres Asiáticos e pelo Japão.

Bolsa de Valores de Tóquio, Japão.

1. Complete as lacunas:
Hoje, vivemos em um mundo _____ e fazemos parte de um novo estágio da _____ mundial, que rompe as _____ nacionais.

2. As fronteiras que se abrem para a globalização não são mais os limites geográficos. Que limites são esses?

3. O que exerce hegemonia na "nova ordem" mundial?

4. Como se iniciou a supressão das fronteiras nacionais?

5. Qual foi a consequência imediata da formação dos megablocos?

6. Que benefícios obtiveram os países envolvidos?

7. Dê quatro exemplos de megablocos.

8. Responda às questões a seguir.

a) Que países fazem parte do Mercosul?

b) E do Pacto Asiático (consulte também o capítulo 26)?

Os excluídos da globalização

No entanto, existe uma grande parte da população mundial que não é incorporada pela globalização. Trata-se dos pobres e dos desempregados, que aparecem com predominância nos países subdesenvolvidos.

Nesse contexto global, existem os países "periféricos" e os "emergentes", que começaram a perceber que a abertura de mercado sem planejamento acaba com as suas indústrias nacionais, pois as empresas transnacionais têm grande capacidade de produção e tecnologia de ponta.

A globalização tem dado sinais de que produz concentração de renda. Com ela, os países ricos ganham mais e os países pobres perdem.

A "nova ordem econômica", portanto, não é tão global; é o fluxo de capital entre os países ricos. Os pobres "ficam de fora" dos benefícios, apenas contribuindo como mercado consumidor.

9. Assinale **V** para verdadeiro e **F** para falso.

( ) A globalização econômica não gera concentração de renda.

( ) Os pobres e os desempregados não são incorporados pela globalização.

( ) O fluxo de capitais ocorre principalmente entre os países ricos.

( ) Os pobres contribuem apenas como mercado consumidor.

10. Que problema surgiu com a abertura dos mercados sem planejamento?

9. O novo papel da ONU

O fim da Segunda Guerra Mundial estimulou uma política de alinhamento. Assim, nasceram organizações como:

- ONU – Organização das Nações Unidas (1945), com o objetivo de manter a paz, defender os direitos humanos e as liberdades fundamentais e promover o desenvolvimento dos países em escala mundial;

- Otan – Organização do Tratado do Atlântico Norte (1949), com o objetivo de proporcionar uma segurança comum aos países membros, mediante cooperação militar e econômica. Formada por: Estados Unidos, Reino Unido, Alemanha, Canadá, Bélgica, França, Dinamarca, Grécia, Islândia, Holanda, Itália, Luxemburgo, Noruega, Espanha, Portugal e Turquia;

- Pacto de Varsóvia (1955), em oposição à Otan, os países europeus aliados com a União Soviética firmam o compromisso de ajuda mútua em caso de agressões armadas de outras nações.

1. Em relação à ONU, responda.

a) Quando foi criada?

b) Qual seu objetivo?

2. Em relação à Otan, responda.

a) Qual seu objetivo?

b) Cite seis países-membros.

3. Qual foi o objetivo da criação do Pacto de Varsóvia em 1955?

Fim da Guerra Fria

Entretanto, o fim da Guerra Fria deixou sem função os acordos socialistas. Assim, o Pacto de Varsóvia desapareceu, iniciando um processo de integração à nova ordem mundial – a Comunidade dos Estados Independentes (CEI) –, gerida pela Rússia, Belarus e Ucrânia.

Por outro lado, a Otan se reestruturou e admitiu a participação das ex-repúblicas soviéticas, inclusive a Rússia, redefinindo o seu papel no cenário mundial.

Para os propósitos da ONU, a "nova ordem" não é incompatível. Depois de desempenhar seu papel durante a bipolarização no cenário mundial, essa organização internacional continuou ativa após o fim da Guerra Fria.

4. Responda às questões a seguir.

a) Que nova organização surgiu no lugar do Pacto de Varsóvia, extinto após o fim da Guerra Fria?

b) Que países administram a CEI?

5. O que aconteceu com a Otan após o fim da Guerra Fria?

6. Assinale **V** para verdadeiro e **F** para falso.

( ) A "nova ordem" é incompatível para os propósitos da ONU.

( ) Atualmente, a ONU possui um papel ativo no cenário mundial.

A ONU apresenta diversas agências especializadas com a pretensão de manter a paz e a ordem econômica, política e social dos países. Entre elas, podemos citar:

- Unesco – Organização das Nações Unidas para a Educação, a Ciência e a Cultura – tem como objetivo elevar os padrões educacionais e diminuir a taxa de analfabetismo no mundo;
- OMS – Organização Mundial da Saúde – criada para elevar os padrões de saúde do planeta;
- FMI – Fundo Monetário Internacional – funciona como um banco e promove a cooperação monetária entre os países-membros, estimulando a estabilidade cambial e fornecendo ajuda financeira a nações em dificuldades econômicas;
- Unicef – Fundo das Nações Unidas para a Infância – presente principalmente nos países subdesenvolvidos, estimulando a elaboração de projetos em favor das crianças e dos adolescentes.

7. Qual é a função da Unesco?

8. Qual é o objetivo da OMS?

9. Qual o papel do FMI?

10. Qual é a função do Unicef?

 **EUROPA**

10. As terras da Europa – O relevo, os rios, os lagos

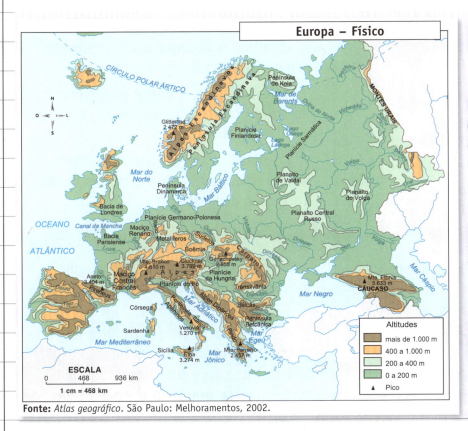

Fonte: *Atlas geográfico.* São Paulo: Melhoramentos, 2002.

O que em primeiro lugar se nota no relevo da Europa é a presença de elevadas cadeias montanhosas numa posição geográfica de certa continuidade. São os dobramentos alpinos do sul, formados por terrenos de pouca resistência geológica, em consequência da deriva continental, na era terciária (Cenozoica).

Rio Sena em Paris, França.

Os Alpes do Sul encontram-se entre a França, a Suíça, a Áustria, o sul da Alemanha e o norte da Itália. São altas montanhas nevadas, uma delas é o monte Branco – ponto mais elevado da Europa ocidental, com 4.807 metros –, localizado entre a França e a Itália.

Observe que, ao sul dos Alpes e acompanhando toda a extensão da Península Itálica, temos os montes Apeninos, apresentando altitudes geralmente inferiores a 2.000 metros. As suas maiores elevações encontram-se na porção centro-norte do território. Os Apeninos abrigam vulcões como o Etna e o Vesúvio.

Os Alpes Dináricos ocupam uma vasta região relativamente paralela à linha costeira do mar Adriático. São uma continuação dos Alpes, que caracterizam as terras da Eslovênia, Croácia, Bósnia-Herzegovina, Albânia, Macedônia, Grécia, Sérvia e Montenegro.

Entre a Bulgária, a Grécia e a Turquia europeia temos os montes Bálcãs, que suavizam suas altitudes em direção ao mar de Mármara. São eles que dão nome à península.

Contornando toda a Planície Húngara e separados da cordilheira dos Alpes e dos Alpes Dináricos pelo rio Danúbio, temos os montes Cárpatos. Estes caracterizam principalmente os territórios da Hungria, Romênia, Eslováquia e República Tcheca.

Entre os mares Negro e Cáspio, está a Cadeia do Cáucaso. Trata-se de uma expressiva elevação montanhosa, onde o grande destaque é o monte Elbrus com 5.643 metros, o mais alto de toda a Europa. É nesse terreno montanhoso que se encontram a Armênia, o Azerbaijão, a Geórgia e a fronteira da Federação Russa.

Voltando para o oeste podemos ver, na fronteira entre Espanha e França, os montes Pireneus.

Ao norte, estão os **Alpes Escandinavos** – montanhas de terrenos muito antigos e desgastados.

Aliás, o norte europeu é dominado pelo Escudo Escandinavo. São os maciços antigos que aparecem, predominantemente em forma de planaltos, espalhados pelo território europeu.

A maior parte do continente é constituída de bacias sedimentares. São baixos planaltos e extensas planícies que se ampliam do oeste em direção ao leste. A mais vasta planície europeia é a Planície Russa, que domina praticamente todo o território da Federação.

1. Comparando o mapa físico da Europa com o mapa político (Miniatlas), ligue a unidade de relevo à sua localização.

Montes Peninos

República Tcheca

Maciço Renano

Alemanha

França

Maciço Central Francês

Inglaterra

Maciço da Boêmia

2. Observe o mapa e complete as frases com as palavras a seguir.

Polonesa – Danúbio – Sarmática
Apeninos – Pó

a) Na direção oeste, acompanhando a faixa litorânea do mar Báltico e do mar do Norte, está a Planície _____ da Europa. São terras baixas, encaixadas nos trechos mais deprimidos do relevo europeu, para onde são carregados os detritos transportados das montanhas próximas. E caracterizam-se regionalmente como planície Germano-_____ e planície dos Países Baixos.

b) Acompanhando os vales fluviais surgem importantes planícies muito procuradas pelo homem europeu, desde a antiguidade, em virtude das condições topográficas, do clima, da fertilidade dos solos e da facilidade de comunicação. Entre elas, podemos destacar a Planície da Hungria, cortada pelo rio _____ e circundada por elevadas montanhas.

c) Ao norte da Itália encontra-se a planície do _____, caracterizada pelo rio Pó e intercalada pelos Alpes e pelos montes _____.

A utilização dos rios e dos lagos

O rio Reno é o mais navegado da Europa.

Há, em algumas porções do território europeu, grande utilização dos rios e dos lagos como vias de circulação, em virtude do barateamento do custo operacional desse transporte.

O progresso rápido experimentado por certas regiões europeias criou, por outro lado, problemas muito sérios às águas continentais, em virtude do despejo de detritos industriais.

No entanto, medidas saneadoras tomadas por alguns países não apenas puderam recuperar, como procuram manter os níveis satisfatórios de qualidade dessas águas, havendo até a sua utilização para o lazer das populações.

3. Compare os mapas físico e político da Europa e complete a cruzadinha a seguir.

Horizontais

1. Rio europeu que atravessa o maior número de países. Nasce no planalto da Floresta Negra, a sudoeste da Alemanha, e deságua no mar Negro. É uma importante via de transporte, além de abrigar no seu vale importantes regiões agrícolas de caráter intensivo e muito desenvolvidas.

2. Importante porto europeu no curso do rio Reno, na cidade suíça de Basileia.

3. Rio que é destaque da Grã-Bretanha. Atravessa uma região industrial muito desenvolvida, inclusive a cidade de Londres. Apesar de ter sido vítima de intensa poluição, com o auxílio da tecnologia foi totalmente recuperado, sendo hoje um dos exemplos mais citados, no mundo ocidental, do esforço preservacionista.

4. O maior destaque europeu como via de circulação. Nasce no lago Constança, na fronteira da Alemanha-Suíça, indo desaguar no mar do Norte, junto ao território holandês. No seu curso estão importantes portos europeus, como Basileia, na Suíça, e Roterdã, na Holanda.

Atravessa uma das regiões mais industrializadas do mundo, servindo como ponto de contato com o Atlântico, facilitando o escoamento de toda a produção da região.

5. Ao norte da Itália, este rio atravessa a região mais industrializada do país e possibilita um aproveitamento agrícola de alto nível no seu vale.
6. Atravessa a planície do Norte da Europa, no seu trecho germânico, e deságua no mar do Norte.
7. Importante porto holandês no curso do rio Reno.
8. Atravessa a planície do Norte da Europa, em seu trecho polonês, e deságua no mar Báltico.
9. Importante rio que corre na planície da Ucrânia e é tributário do mar de Azov, ao norte do mar Negro.
10. Rio que corre no território francês, de grande importância econômica para esse país.

Verticais

1. Importante rio que corre na planície da Ucrânia, tributário do mar Negro.
2. Destaque da Península Ibérica, atravessa a Espanha e Portugal, desaguando no Atlântico.

3. De grande importância econômica para a França, este rio atravessa a cidade de Paris e deságua no canal da Mancha.
4. Rio tipicamente espanhol, que deságua no mar Mediterrâneo.
5. Importante rio que atravessa os territórios espanhol e português, indo desaguar no oceano Atlântico.
6. O principal rio europeu em extensão. Ele nasce no planalto de Valdai e se constitui num rio totalmente russo até desaguar no mar Cáspio. Como outros rios da Rússia, ele é de difícil utilização, por permanecer boa parte do ano congelado.

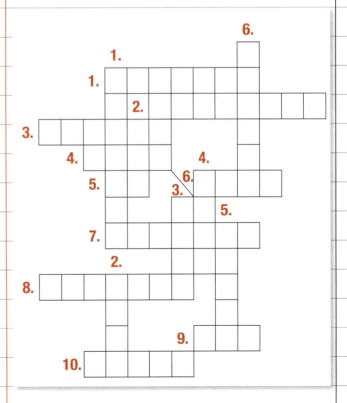

4. No sul da Europa existe uma ativa zona vulcânica e sísmica. Pesquise em livros, revistas e internet. Identifique alguns de seus vulcões.

5. O vale do Rühr possui grandes reservas de carvão mineral e apresenta o segundo complexo industrial do mundo. Você sabe em que país estão essas riquezas?

> Dica: O rio Rühr é afluente do Reno.

6. Observe o mapa político da Europa (Miniatlas) e dê exemplos de países banhados pelos seguintes mares:

a) do Norte:

b) Báltico:

c) Negro:

d) Cáspio:

e) Mediterrâneo:

f) Adriático:

7. Descubra, pelos mapas, qual é o canal que separa a França da ilha da Grã-Bretanha.

8. Compare os mapas da Europa e identifique os países localizados na Península Escandinava.

9. Consultando o mapa político faça a correspondência entre os seguintes países europeus e suas capitais.

(1) Ucrânia   (   ) Ierevan
(2) França   (   ) Baku
(3) Grécia   (   ) Minsk
(4) Lituânia   (   ) Vilnius
(5) Bósnia-   (   ) Sarajevo
       -Herzegovina
(6) Alemanha   (   ) Zagreb
(7) Áustria   (   ) Kiev
(8) Belarus   (   ) Atenas
(9) Croácia   (   ) Moscou
(10) Suécia   (   ) Estocolmo
(11) Armênia   (   ) Varsóvia
(12) Bélgica   (   ) Madri
(13) Itália   (   ) Paris
(14) Azerbaijão   (   ) Roma
(15) Espanha   (   ) Viena
(16) Macedônia   (   ) Bruxelas
(17) Polônia   (   ) Berlim
(18) Rússia   (   ) Skopje

11. As florestas e os campos na homogeneidade do clima europeu

1. Consulte o planisfério no Miniatlas e responda às questões a seguir.

a) Quais são os oceanos que banham terras europeias?

b) Qual é o paralelo importante que atravessa o continente europeu?

c) Qual é o meridiano importante que cruza a Europa? Localize-o.

d) Em qual zona climática estão localizadas as terras da Europa?

O clima na Europa
Observe o mapa a seguir.

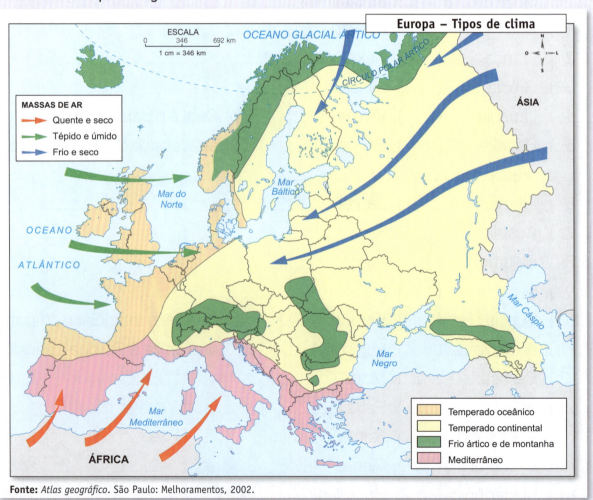

Fonte: *Atlas geográfico*. São Paulo: Melhoramentos, 2002.

O clima predominante na Europa é o temperado. A posição geográfica do continente, majoritariamente localizado na faixa temperada norte do globo, é o principal fator determinante dessa influência.

Por outro lado, o alinhamento do relevo na disposição oeste-leste direciona a atuação das massas de ar:

- Norte – o ar frio polar penetra livremente durante o inverno, chegando até as proximidades das porções meridionais do continente.
- Sul – o ar quente e seco do Saara atua no verão em toda a região meridional.
- Oeste – o ar úmido oceânico influencia a costa atlântica o ano todo.

Na porção ocidental do território europeu, a presença da corrente marinha Norte Atlântica, prolongamento da Corrente do Golfo, ameniza, com suas águas quentes, a Península Ibérica até a Península Escandinava, inclusive as ilhas Britânicas e a Islândia.

Os recortes litorâneos europeus permitem uma maior penetração das águas oceânicas nesses trechos continentais e insulares, daí o clima ser chamado de temperado oceânico, de características mais brandas, pois apresenta amplitudes térmicas mais suaves e maiores índices pluviométricos.

No interior do território, até as proximidades dos montes Urais, o domínio é do clima temperado continental. Nele podemos observar amplitudes térmicas maiores, havendo grandes diferenças entre as médias térmicas de verão e de inverno, além de índices pluviométricos mais baixos, concentrados basicamente no verão. Esse é o clima que abrange a maior parcela do continente europeu.

Na Europa meridional temos o clima mediterrâneo. Apresenta características quentes e semiáridas em virtude da circulação de massas de ar procedentes do norte da África. As chuvas predominam na estação de inverno.

2. Compare o mapa de climas com o de relevo da Europa e complete as frases a seguir com as palavras do quadro.

> gelado – sul – seco
> quente – neve – frio

a) Os dobramentos modernos formam uma barreira montanhosa ao _____, isolando o que se poderia chamar de Europa mediterrânea.

b) Durante o inverno, quando o continente é invadido pelas massas de ar _____ provenientes do Polo Norte e da Sibéria, a Europa mediterrânea é preservada.

c) No verão, quando as massas de ar _____ e _____ cortam o deserto do Saara e atingem a Europa, somente o sul é atingido.

d) No extremo norte do continente e nas regiões de domínio das elevadas montanhas encontramos o clima _____. A presença da _____, caracterizada pelas baixas temperaturas desse clima, dificulta o aproveitamento econômico desses espaços geográficos, determinando também as baixas densidades demográficas dessas regiões.

Paisagem da Islândia.

3. Consulte o Miniatlas e identifique as correntes marinhas que influenciam o clima europeu. Classifique-as em quentes e frias.

4. Compare os mapas da Europa – político e climas – e indique o clima das seguintes cidades:

a) Reykjavik –

b) Genebra –

c) Londres –

d) Moscou –

e) Atenas –

f) Paris –

g) Berlim –

h) Estocolmo –

i) Roma –

j) Lisboa –

k) Madri –

l) Milão –

A vegetação da Europa

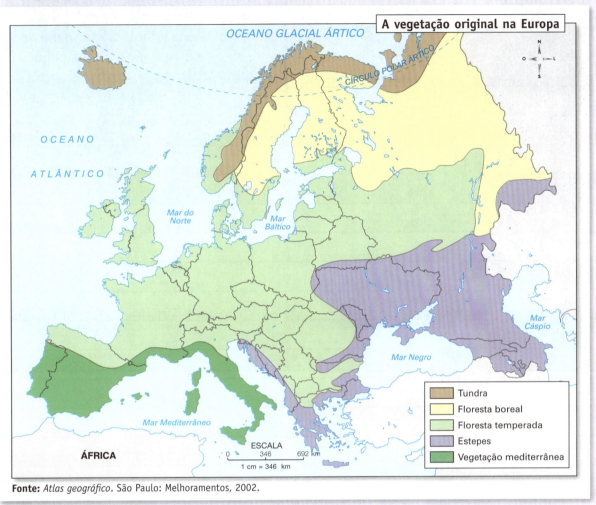

Fonte: *Atlas geográfico*. São Paulo: Melhoramentos, 2002.

O clima frio subpolar deixa o extremo norte europeu com invernos longos e rigorosos, enquanto os verões são frescos e extraordinariamente curtos. Nessas condições, a paisagem é caracterizada por uma vegetação rasteira, composta de musgos e liquens, que só aparece nos curtos degelos, a tundra.

Na faixa setentrional próxima ao domínio das tundras árticas, temos a floresta fria ou boreal. Caracteriza principalmente a Rússia (taiga), a Finlândia e a Península Escandinava, onde os invernos são rigorosos com queda de neve, mas os verões são relativamente quentes e úmidos.

O aproveitamento econômico da floresta boreal é mais intenso na Rússia e na Finlândia, países que apresentam uma tecnologia muito desenvolvida no setor de extração madeireira e de fabricação de papel. Mas todos são grandes exportadores e reconhecem a riqueza de suas reservas florestais, por isso cuidam do replante científico, determinam o reflorestamento sistemático e evitam o corte indiscriminado, mantendo e até multiplicando suas áreas arborizadas.

Nos Alpes predomina a taiga.

5. Compare os mapas da Europa e complete as frases a seguir com as palavras do quadro.

> temperado – Rússia
> florestas temperadas – mediterrânea

a) Nas regiões onde predomina o clima _____ continental podemos observar as paisagens rasteiras ou herbáceas, denominadas estepes e pradarias. As estepes aparecem nos trechos mais secos do território, principalmente no centro-sul da _____ e na Ucrânia.

b) Nos domínios do clima temperado oceânico estão as _____. Muitas delas encontram-se devastadas, em virtude das pressões demográficas do continente, além da necessidade de espaços para o desenvolvimento das atividades agrícolas.

As paisagens rasteiras das estepes e pradarias são largamente utilizadas como pastagens para o gado, além de facilitarem o estabelecimento das atividades agrícolas, principalmente porque em seus domínios é comum aparecer um solo muito rico, denominado tchernozion.

c) A vegetação aparece ora em forma de bosques de arbustos mais resistentes à seca, ora com arbustos esparsos, mas já está bastante degradada. O clima dessa região, com verões muito quentes e secos e invernos amenos e chuvosos, prejudica a agricultura, mas beneficia o turismo na Europa meridional.

6. Faça a correspondência da região com a vegetação natural:

(a) tundra

(b) floresta boreal

(c) floresta temperada

(d) estepes

(e) vegetação mediterrânea

(   ) região temperada da Ucrânia

(   ) sul da Europa

(   ) região fria da Rússia

(   ) ilhas Britânicas

(   ) maior parte da Finlândia

(   ) cordilheira dos Alpes

(   ) margens ocidentais do mar Cáspio

(   ) a maior parte da Europa

(   ) países exportadores de madeira e papel

12. O espaço humanizado

Fonte: Atlas geográfico. São Paulo: Melhoramentos, 2002.

1. Observe o mapa e faça a correspondência regional dos seguintes países europeus.

C – Europa Central

OC – Europa Ocidental

S – Europa Setentrional

OR – Europa Oriental

M – Europa Meridional

Albânia	Armênia
Suíça	Suécia
Ucrânia	Romênia
Alemanha	Áustria
Bulgária	Croácia
Bélgica	Dinamarca
Eslováquia	Finlândia

Reino Unido	Bósnia-Herzegovina
Sérvia	Irlanda
Montenegro	República Tcheca
França	Grécia
Itália	Polônia
Noruega	Espanha
Lituânia	

EUROPA SETENTRIONAL

País	Capital	Área (km²)	População (2010)	Densidade (hab./km²)	Pop. urbana (%)	Idioma (Oficial)
Dinamarca	Copenhague	43.093	5.550.142	128,8	87	dinamarquês
Finlândia	Helsinque	338.145	5.364.546	15,9	85	finlandês, sueco
Islândia	Reykjavik	102.819	320.136	3,1	93	islandês
Noruega	Oslo	323.877	4.883.111	15,1	79	norueguês
Suécia	Estocolmo	449.964	9.379.687	20,8	85	sueco

EUROPA MERIDIONAL

País	Capital	Área (km²)	População (2010)	Densidade (hab./km²)	Pop. urbana (%)	Idioma (Oficial)
Albânia	Tirana	28.748	3.204.284	111,5	52	albanês
Bósnia-Herz.	Sarajevo	51.129	3.760.149	73,5	49	bósnio
Bulgária	Sófia	110.994	7.494.332	67,5	71	búlgaro
Croácia	Zagreb	56.538	4.403.330	77,9	58	croata
Eslovênia	Liubliana	20.251	2.029.680	100,2	50	esloveno
Grécia	Atenas	131.957	11.359.346	86,1	61	grego
Itália	Roma	301.302	60.550.848	201,0	68	italiano
Sérvia* e	Belgrado	88.361	9.856.222	111,5	56	sérvio (oficial)
Montenegro*	Podgorica	13.812	631.490	45,7	61	sérvio (oficial)
Macedônia	Skopje	25.713	2.060.563	80,1	59	macedônio
Malta	Valletta	315,6	416.515	1.319,8	95	maltês e inglês
Romênia	Bucareste	238.391	21.486.371	90,1	57	romeno
San Marino	San Marino	60,5	31.534	521,2	94	italiano
Turquia	Ancara	779.452	72.752.325	93,3	70	turco
Vaticano	Cid. Vaticano	0,44	458	1.040,9	100	italiano e latim

*Sérvia e Montenegro separam-se oficialmente em junho de 2006, tornando-se dois Estados independentes.

EUROPA CENTRAL

País	Capital	Área (km²)	População (2010)	Densidade (hab./km²)	Pop. urbana (%)	Idioma (Oficial)
Alemanha	Berlim, Bonn	356.733	82.302.465	230,7	74	alemão
Áustria	Viena	83.859	8.393.644	100,1	68	alemão
Bélgica	Bruxelas	30.518	10.712.066	351,0	97	holandês, francês e alemão
Eslováquia	Bratislava	49.036	5.462.119	111,4	55	eslovaco
Holanda	Amsterdã e Haia	41.526	16.612.988	400,1	83	holandês (neerlandês)
Hungria	Budapeste	93.033	9.983.645	107,3	68	húngaro
Liechtenstein	Vaduz	160	36.032	225,2	14	alemão
Luxemburgo	Luxemburgo	2.586	507.448	196,2	85	luxemburguês
Polônia	Varsóvia	312.685	38.276.660	122,4	61	polonês
Rep. Tcheca	Praga	78.864	10.492.960	133,1	73	tcheco
Suíça	Berna	41.285	7.664.318	185,6	74	alemão, francês e italiano

EUROPA OCIDENTAL

País	Capital	Área (km²)	População (2010)	Densidade (hab./km²)	Pop. urbana (%)	Idioma (Oficial)
Andorra	Andorra la Vella	453	84.864	187,3	88	catalão
Espanha	Madri	505.954	46.076.989	91,1	77	espanhol
França	Paris	543.965	62.787.427	115,4	85	francês
Irlanda	Dublin	70.285	4.469.900	63,6	62	irlandês e inglês
Mônaco	Cidade de Mônaco	1,95	35.407	18.157,4	100	francês
Portugal	Lisboa	91.985	10.675.572	116,1	61	português
Reino Unido	Londres	244.100	62.035.570	254,1	80	inglês

EUROPA ORIENTAL

País	Capital	Área (km²)	População (2010)	Densidade (hab./km²)	Pop. urbana (%)	Idioma (Oficial)
Armênia	Yerevan	29.800	3.092.072	103,8	64	armênio
Azerbaijão	Baku	86.600	9.187.783	106,1	52	azerbaijano
Bielorússia	Minsk	207.600	9.595.421	46,2	75	bielo-russo e russo
Estônia	Tallinn	45.100	1.341.140	29,7	69	estoniano
Geórgia	Tbilisi	69.700	4.352.244	62,4	53	georgiano
Letônia	Riga	64.500	2.252.060	34,9	68	letão
Lituânia	Vilnius	65.200	3.323.611	51,0	67	lituano
Moldávia	Chisinau	33.700	3.572.885	106,0	47	romeno
Rússia	Moscou	3.960.000	111.507.368	28,2	73	russo
Ucrânia	Kiev	603.700	45.448.329	75,3	69	ucraniano

Fonte: *World Population Prospects: the 2010 Revision*. United Nations, 2010. Disponível em: <http://esa.un.org/wpp/Excel-Data/population.htm>. Acesso em: fev. 2013.

Cidade de Estocolmo, na Suécia.

Dubrovnik é uma cidade milenar da Croácia.

2. Descubra, pelas tabelas, quais são os cinco países europeus mais populosos. Identifique suas capitais e suas posições regionais.

3. Identifique o maior e o menor país europeu, com suas capitais.

4. Quais são os dois países europeus com menor número de habitantes? Cite suas capitais.

5. Identifique os dois países que possuem território dividido entre Europa e Ásia. Cite suas capitais.

6. Quais são os três países europeus com maior densidade demográfica? Cite suas capitais.

7. Quais países podem ser considerados da Europa germânica? Cite suas capitais.

8. Quais países pertencem à Europa caucasiana? Cite suas capitais.

9. Quais são os países dos Bálcãs? Cite suas capitais.

13. A população nas terras da Europa

Contando com aproximadamente 826 milhões de habitantes, a Europa é o continente que apresenta a mais destacada densidade demográfica média do planeta: 73,5 habitantes por km². Por outro lado, apresenta a menor taxa média de crescimento do mundo – 0,16%, segundo a ONU – entre os anos de 2010 e 2011.

A distribuição da população europeia é mais equilibrada em relação às demais regiões do globo, porém há problemas físicos que devem ser lembrados e que, por serem desfavoráveis à fixação humana, determinam um subpovoamento em certas porções geográficas. É o caso da parte setentrional do território e das grandes elevações do relevo, onde o clima frio age como um elemento anecúmeno.

anecúmeno – de difícil fixação humana, inabitável pelo homem.

1. Com base no texto, complete as frases a seguir.

a) A taxa média de crescimento da população europeia é de _____, o que demonstra equilíbrio entre nascimentos e _____, com _____ taxas de _____ e mortalidade.

b) O continente europeu é o segundo mais densamente povoado, perdendo apenas para a Ásia; sua densidade demográfica é de _____.

c) Os países europeus localizados em regiões anecúmenas e com as menores densidades demográficas são (cite as capitais):

2. Consulte as tabelas do capítulo 12 e classifique os países europeus em relação à densidade demográfica. Cite também suas capitais.

DE 20 A 50 HAB./KM²	
País	Capital

DE 51 A 100 HAB./KM²	
País	Capital

DE 101 A 200 HAB./KM²	
País	Capital

País	Capital

SUPERIOR A 200 HAB./KM²	
País	Capital

Muitos povos

O continente europeu é bastante homogêneo do ponto de vista étnico, já que aí se encontra uma dominação de povos de cor branca. É certo também que as variadas raízes desses povos dão uma característica bem diversificada aos seus tipos humanos.

Os **nórdicos**, de pele bem clara, cabelos loiros ou castanhos e olhos claros, caracterizam a porção norte-ocidental da Europa. Apresentam elevada estatura e são mais facilmente reconhecidos pelos escandinavos, seus mais típicos representantes.

Na parte oriental do continente encontramos povos de características também claras, porém de média estatura. Alguns deles são chamados de **eslavos**.

Também claros são os **celtas**, de raiz indo-germânica, e que caracterizam a porção centro-ocidental do território europeu.

Os povos **mediterrâneos** apresentam características diferenciadas em relação aos demais, pois têm estatura mais baixa e cabelos e olhos mais escuros. Na Península Ibérica, os traços morenos são ainda mais evidentes, em virtude da influência moura ocorrida no passado.

moura – *de origem árabe.*

Paris, França.

Apesar da relativa igualdade étnica, o continente europeu apresenta uma grande variedade cultural, com tradições que são identificadas em pequenas porções territoriais, totalmente individualizadas no contexto histórico e político. Há uma grande diversidade de línguas: de origem germânica, latina, céltica, grega, eslava e outras mais localizadas, como o finlandês, o basco, o albanês, o turco e o húngaro.

3. Com base no texto, faça a correspondência dos domínios culturais a seguir:

N – povos nórdicos
M – povos mediterrâneos
E – povos eslavos
C – povos celtas

( ) Europa central e oriental
( ) Língua latina e religião católica
( ) Norte da Europa
( ) Língua eslava e religião cristã ortodoxa
( ) Centro-ocidental da Europa
( ) Dinamarca, Finlândia e Suécia
( ) Sul da Europa
( ) Língua germânica e religião protestante
( ) Poloneses, tchecos e eslovacos
( ) Ilhas Britânicas
( ) Portugal e Espanha
( ) Noruega e Islândia
( ) Búlgaros, servo-croatas e eslovenos
( ) Indo-germânicos
( ) França e Itália
( ) Bálcãs e mar Negro
( ) Russos e ucranianos
( ) Escandinávia

INDICADORES DE DESENVOLVIMENTO HUMANO (2010)							
País	IDH	População (2010)	Expectativa de vida (anos)	Taxa de Analfabetismo (%)	Renda *per capita* (US$)	Mortalidade infantil (%)	PIB (US$ milhões)
Noruega	0,938 (1º)	4.883.111	81,0	0	58,81	3,5	269,3
Países Baixos	0,890 (7º)	16.612.988	80,3	0	40,66	3,8	713,1
Finlândia	0,871 (16º)	5.364.546	80,1	0	33,87	3,4	198,2
Islândia	0,869 (17º)	320.136	82,1	0	22,92	3,2	12,6
Bélgica	0,867 (18º)	10.712.066	80,3	0	34,87	4,0	418,6
Azerbaijão	0,713 (67º)	9.187.783	70,8	0,5	8,75	4,3	94,3
Ucrânia	0,710 (69º)	45.448.329	68,6	0,3	6,54	8,5	333,7
Geórgia	0,698 (74º)	4.352.244	72,0	0	4,90	15,0	24,9
Turquia	0,679 (83º)	72.752.325	72,2	12,3	13,36	23,0	1.090,0

Fonte: *Relatório de Desenvolvimento Humano*: PNUD, 2010. *World Population Prospects: the 2010 Revision*. United Nations, 2010.
Disponível em: <http://esa.un.org/wpp/Excel-Data/population.htm>. Acesso em: fev. 2013.

IDH – É o Índice de Desenvolvimento Humano, baseado principalmente em três aspectos: vida longa e saudável, conhecimento e poder de consumo. Três itens são escolhidos para indicar essas condições: renda *per capita* da população, expectativa de vida e grau de escolaridade.

Renda *per capita* – Representa quanto cada habitante receberia se a renda de um país fosse distribuída igualmente entre todos, sem considerar a concentração de riquezas.

Expectativa de vida – É uma estimativa do tempo de vida que a criança, ao nascer, terá. Ela reflete as condições sanitárias e de saúde da população.

Mortalidade infantil – Número de crianças que morrem no primeiro ano de vida entre mil (‰) nascidas vivas em determinado período. Esse índice sofre interferências de aspectos do saneamento básico, controle e prevenção de doenças e alimentação.

Analfabetismo – Representa a porcentagem de pessoas, com mais de 15 anos, que não entendem e/ou não sabem ler e escrever pequenas frases usadas em sua vida cotidiana.

PIB – Produto Interno Bruto. Mede a capacidade produtiva de um país. Refere-se ao valor agregado de todos os bens e serviços finais produzidos em uma região, seja ela uma cidade, um estado, um país, um grupo de nações, independentemente da nacionalidade dos proprietários das unidades produtoras desses bens e serviços.

A Noruega é um país de alto padrão de vida.

4. Observe a tabela, com os indicadores de desenvolvimento humano, leia os textos para compreendê-la e responda às questões a seguir.

a) Podemos dizer que quanto mais alto o PIB, maior o nível de instrução da população? Por quê?

b) Faça uma relação entre os índices de expectativa de vida e de analfabetismo.

c) Faça um comentário procurando relacionar os índices de expectativa de vida, renda *per capita* e taxa de analfabetismo.

Área industrial em Londres, Inglaterra.

A pequena população rural, bem servida pela mecanização, consegue muitas vezes suprir as necessidades internas do continente por meio da alta produtividade de alimentos, chegando até a exportar. O grande desenvolvimento tecnológico conquistado pelos países é também justificativa para tão elevada urbanização média.

14. O desenvolvimento urbano na Europa

Em virtude das atividades econômicas e do grau de desenvolvimento que tem, o continente europeu apresenta intensa urbanização. De características industriais, os países europeus contam com população urbana média de 70%.

Área agrícola na França.

1. Observe o mapa, consulte as tabelas do capítulo 12 e complete as frases.

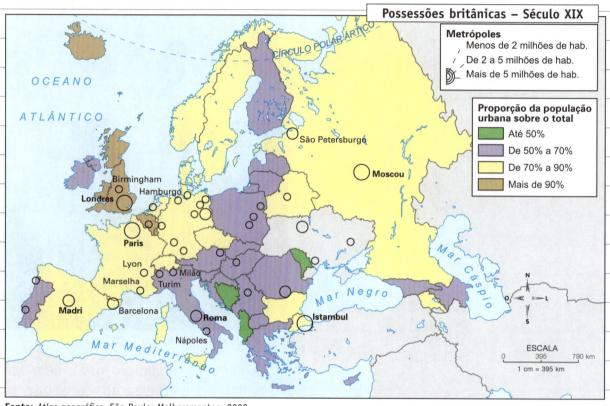

Fonte: *Atlas geográfico*. São Paulo: Melhoramentos, 2002.

a) A _____, a _____, a _____, _____, e a _____ são países que apresentam percentuais de urbanização iguais ou superiores a 85%.

b) Muitos desses países têm seus espaços geográficos limitados para as _____ agrárias, em virtude das condições climáticas e topográficas que apresentam, decorrentes da posição geográfica e do relevo que os caracterizam. Nesse particular, enquadra-se perfeitamente bem a _____, que, localizada numa faixa climática subpolar, ainda apresenta um relevo acidentado. Isso faz com que o país se lance a outras alternativas econômicas, tendo a indústria pesqueira como sua principal atividade.

c) Os pequenos espaços que caracterizam San Marino e Mônaco inviabilizam a implantação de atividades rurais, daí os _____ e _____ de urbanização que apresentam, respectivamente. A compensação econômica encontrada por esses países recai nas atividades industriais e turísticas.

d) O quadro geral de intenso desenvolvimento _____ bastante o nível de vida das populações _____, que, muito evoluídas em termos educacionais, têm acesso às informações e aos métodos anticoncepcionais mais modernos. Como consequência desse fato, os países apresentam baixas taxas de _____.

2. Consulte a tabela com indicadores de desenvolvimento humano do capítulo 13 e complete.
Países como a Suíça, a _____, a _____, a _____, a _____, a Itália, a França, além de San Marino e Andorra, apresentam expectativas de vida populacional superiores a 80 anos. Já os menores registros são encontrados em Belarus, Estônia, Letônia, _____, _____, Federação Russa e Hungria, com expectativas não superiores a 74 anos.

3. Observe o mapa das possessões britânicas e identifique os países em que se localizam as seguintes metrópoles.
a) Hamburgo –
b) Nápoles –
c) São Petersburgo –
d) Roma –
e) Barcelona –
f) Turim –
g) Lyon –
h) Istambul –

> As diferenças regionais provocam intenso movimento migratório na Europa. Além das migrações do campo, resultantes do "desemprego tecnológico", são observados movimentos de trabalhadores procedentes dos países da antiga União Soviética e da ex-Iugoslávia, ou da orla mediterrânea, que, dadas as condições de pobreza e de dependência dos seus países de origem, se dirigem à Europa ocidental. Vão em busca de emprego, ocupando-se de atividades consideradas de menor qualificação e mal remuneradas, como "cidadãos de segunda classe".

4. Com base no texto, complete as frases a seguir.

a) O crescimento desordenado das cidades europeias, como em outras partes do mundo, tem relação profunda com o processo de _____.

b) O resultado geral desse fato é observado na proliferação de _____ pobres, nos problemas de _____ urbana (água, eletricidade, coleta de _____, sistema de esgoto, transporte) e nos impactos ambientais que isso traz.

c) As cidades europeias são geralmente anteriores à Revolução _____, porém cresceram a partir desta. A maioria das grandes cidades eram portos, situados junto ao _____ ou a _____ navegáveis, pois era o comércio que as impulsionava – Londres, Bordeaux, Roterdã, Hamburgo, Marselha e outras.

Regiões metropolitanas/Países	População (em milhões - 2007)
Moscou – Rússia	10,5
Paris – França	9,9
Londres – Reino Unido	8,6
Madri – Espanha	5,6
São Petersburgo – Rússia	4,6
Berlim – Alemanha	3,4
Roma – Itália	3,3
Milão – Itália	2,9
Lisboa – Portugal	2,8
Kiev – Ucrânia	2,7

Fonte: *Urban Agglomerations 2007*, United Nations.

5. Complete as frases.

a) Os centros urbanos mais _____ do continente são, em geral, grandes regiões industriais, portuárias e comerciais, onde as condições econômicas de oferta de _____ acentuam, ao longo da história, as características de adensamento.

b) As _____ que mais se destacam na Europa pelo número de habitantes são as que, pelas condições mencionadas anteriormente, constituem, também, grandes centros de _____ política no continente.

6. Localize as metrópoles da tabela no mapa do capítulo 12 e classifique-as por região europeia.

15. Economia europeia

A agropecuária

A agricultura europeia, geralmente caracterizada pelo **sistema intensivo**, apresenta altos rendimentos por hectare, além de primar pela policultura. É comum encontrarmos as técnicas de **afolhamento**, evitando-se assim um esgotamento precoce dos solos. São poucas as regiões europeias que fazem uso de técnicas rudimentares na agricultura, sendo geralmente as que aparecem na porção meridional do continente.

Os produtos agrícolas mais importantes na economia da Europa são os cereais, entre os quais se destacam o trigo, o centeio, a aveia e a cevada.

As leguminosas, como soja, lentilha e ervilha, são também cultivadas nos solos europeus, principalmente em virtude do sistema agrícola utilizado, em que a **rotação de culturas** emprega a leguminosa como forma de nitrogenar a terra. Além desse sistema, é comum também o **pousio** simples, no qual a terra alterna cultivo e descanso.

> **afolhamento** – técnica de parcelamento da terra com a finalidade de submetê-la a um ciclo ou alternação de culturas; rotação.
>
> **policultura** – cultivo de variados produtos.
>
> **pousio** – descanso dado à terra para torná-la mais produtiva. Também denominado alqueire.
>
> **precoce** – antecipado, prematuro, antes do tempo.
>
> **primar** – ter a preferência, sobressair.

1. Com base na tabela a seguir, escolha símbolos para a legenda e represente no mapa da página 62 a produção agrícola da Europa, localizando os produtos nos principais países produtores.

2. A partir das informações da tabela da atividade anterior e do mapa "Divisão Geográfica Clássica da Europa" (capítulo 12, página 46), identifique a produção agrícola de cada tipo de clima.

Produtos	Países produtores
Trigo	França, Rússia, Ucrânia, Alemanha, Reino Unido
Centeio	Rússia, Polônia, Alemanha
Aveia	Rússia, Alemanha, Polônia, Ucrânia
Cevada	Rússia, Ucrânia, Alemanha, Espanha, França
Batata	Rússia, Polônia, Ucrânia, Alemanha, Belarus, Holanda
Beterraba (produção de açúcar)	Inglaterra, Holanda, Bélgica, Luxemburgo, Alemanha, Polônia, Ucrânia, República Tcheca, Geórgia, Eslováquia, Irlanda do Norte (Eire), França
Uva (vinícola)	Portugal, Espanha, França, Alemanha, Itália, Grécia
Oliveira (azeitona) (azeite)	Portugal, Espanha, Itália, Grécia
Algodão	Grécia, Espanha, Azerbaijão
Flores	Holanda
Tabaco	Grécia, Itália, Azerbaijão, Moldávia, Bulgária

Pecuária da Europa

Quanto à pecuária, a Europa tem os mais sofisticados sistemas de criação de gado confinado. A pecuária intensiva, que caracteriza a Holanda e a Suíça, é uma das mais importantes do mundo. A produção visa abastecer o mercado com os derivados do leite, obtendo, com as técnicas de seleção de animais e cuidados especiais alimentares, pela assistência veterinária, resultados surpreendentes.

3. Escolha símbolos e represente no mapa a seguir os principais rebanhos europeus (não esqueça a legenda).

Rebanhos	Países produtores
Bovinos (corte e leiteiro)	Rússia, Ucrânia, França, Alemanha, Reino Unido, Holanda, Suíça, Áustria, Itália
Equinos (tração e alimento)	Rússia, Polônia
Suínos	Alemanha, Rússia, Polônia, Espanha, Bulgária
Ovinos	Rússia, Reino Unido, Espanha, Romênia, Irlanda, França
Caprinos	Grécia, Albânia, Geórgia

Extrativismo animal e vegetal

Rússia, Noruega, Dinamarca, Suécia, Finlândia e Islândia são os maiores produtores do setor pesqueiro no continente. A presença da Corrente do Golfo é de fundamental importância para a existência de abundante fauna marinha nessa parte do oceano Atlântico. Transportando em suas águas uma grande quantidade de plâncton, a corrente atrai grandes cardumes, possibilitando maior sucesso da atividade pesqueira na região.

A pesca do bacalhau, nas águas do norte, do atum e da sardinha, mais ao sul, é o principal destaque desse setor econômico do continente. A intensa caça à baleia tem sofrido restrições da comunidade internacional para limitar a atividade, como única forma de recuperar essa espécie ameaçada de extinção.

Os países da Península Escandinava e a Finlândia apresentam grande parte de seus territórios cobertos por florestas, utilizadas para a silvicultura intensiva. Esses países são grandes produtores de madeira.

Os chamados Países Bálticos, produtores de cereais, também possuem parte de seus territórios – às margens do mar Báltico – com desenvolvimento dessa atividade extrativa.

4. Com base no texto, represente no mapa a seguir a atividade pesqueira da Europa.

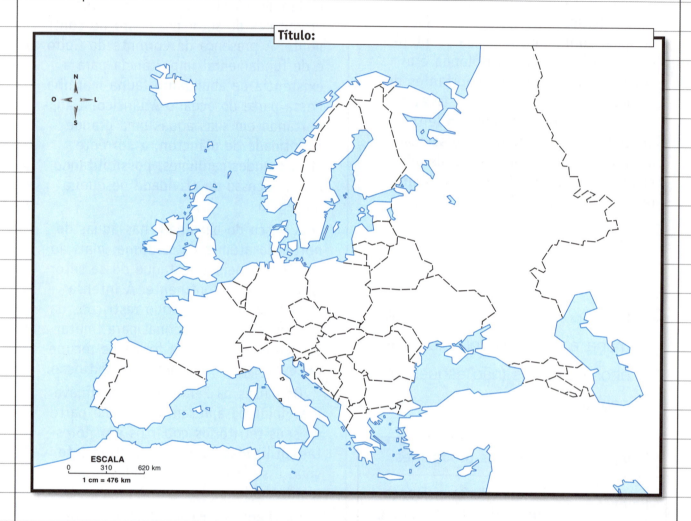

Legenda

Recursos minerais e industriais

No continente europeu, a intensa industrialização gerou uma organização do espaço geográfico pelos interesses da economia de mercado, isto é, ligou os espaços de produção – campos de cultivo, áreas de criação de animais, reflorestamentos, áreas de mineração, complexos industriais – aos espaços de consumo.

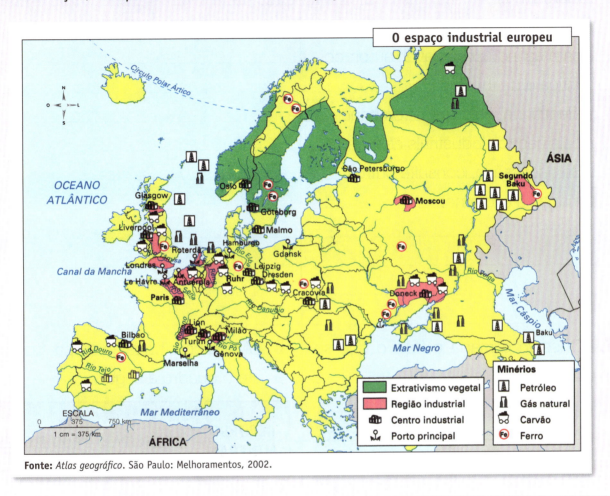

Fonte: *Atlas geográfico*. São Paulo: Melhoramentos, 2002.

5. A floresta boreal fornece matéria-prima para os setores de fabricação de papel e construção. Os países nórdicos renovam essa fonte por meio do reflorestamento. Observe o mapa e identifique os principais países de extrativismo vegetal que fornecem matéria-prima para a indústria.

6. Os principais produtores de pasta de madeira e papel da Europa são a Suécia, a Rússia, a Finlândia e a Alemanha.

Na Alemanha também predominam as indústrias naval, automobilística e de turismo.

Identifique, pelo mapa, os principais centros industriais alemães. Se necessário, consulte outros mapas e a internet.

7. Observe o mapa e faça o que se pede.

a) Localize as principais áreas produtoras de petróleo na Europa.

b) Localize as principais regiões industriais europeias.

8. Ainda com base no mapa, complete o quadro a seguir.

RECURSO MINERAL	PRINCIPAIS PRODUTORES
Ferro	
Carvão mineral	

16. Os transportes e a União Europeia

A partir da Segunda Guerra Mundial, surgiram comunidades econômicas na Europa que não apenas promoveram a aproximação comercial dos países por meio de estímulos alfandegários, como também estruturaram o sistema de circulação, com a modernização das redes de circulação para os países-membros.

Em razão do grau de desenvolvimento dos países, a rede de circulação na Europa apresenta não apenas um bom nível de qualidade, como também uma racional integração entre os países. Dá-se preferência aos transportes fluvial e ferroviário para o tráfego pesado, havendo, para o caso do ferroviário, uma padronização das bitolas, a fim de se possibilitar o incremento comercial entre os países.

> **bitolas** – medidas reguladoras da largura dos trilhos nas vias férreas.
> **incremento** – desenvolvimento, aumento, crescimento.

1. Consulte os mapas da Europa e complete as frases a seguir.

a) O rio mais utilizado na Europa como via de circulação é o _____, o mais navegado do mundo, que atravessa importante região industrial e deságua no _____. Serve-se desse rio como via de transporte principalmente a _____.

b) Outro rio importante como via de circulação é o _____. Ele atravessa uma grande quantidade de países e deságua no _____.

2. Consulte o mapa da página 63 e complete as frases a seguir.

a) Os portos europeus de maior importância continental são os de Roterdã, na _____, localizado junto à desembocadura do _____; de Londres, no _____; de São Petersburgo, na _____; de Hamburgo, na _____.

b) Os principais portos franceses são _____.

c) No mar Báltico estão situados os portos de Copenhague, na Dinamarca, Helsinque, na Finlândia, e _____, _____.

d) Com saída para o mar do Norte, a Europa tem importantes portos: _____, na Inglaterra; _____, na Bélgica; _____, na Holanda; e _____, na Alemanha.

e) A Ucrânia possui um importante porto no mar Negro – Odessa. O porto mais importante da Itália, localizado no mar Mediterrâneo, é o de _____.

3. A ligação ferroviária entre a França e a Itália conta com dois grandes túneis. Observe o mapa físico na página 33 e descubra por quê.

4. Em 1994, foi inaugurada uma passagem ferroviária cerca de 80 metros abaixo da superfície das águas do canal da Mancha, chamada Eurotúnel. Que países o Eurotúnel une?

Rede ferroviária

A Europa é o segundo maior continente em quantidade de rede ferroviária instalada, perdendo apenas para a América do Norte. São mais de 400.000 km de trilhos que fazem uma interligação importante para a manutenção do mercado continental.

O Eurotúnel liga a França à Grã-Bretanha.

Rodovias

O transporte rodoviário é bastante utilizado no continente e apresenta um excelente nível. É indispensável aos transportes de cargas menores e perecíveis, além de ser notadamente usado nos trajetos mais curtos.

As rodovias são construídas com tecnologia moderna, atendendo assim à demanda das indústrias automobilísticas e de caminhões existentes em muitos países.

5. Consulte o mapa político da Europa e descubra quais as capitais mais distantes entre si. Usando a escala, calcule a distância real aproximada entre elas.

6. Para chegar ao oceano Atlântico, alguns navios têm de atravessar o estreito de Gibraltar. Identifique os principais portos de onde partem esses navios.

7. Ligue os principais aeroportos europeus aos seus países.

Frankfurt   Dinamarca

Heathrow   França

Barajas   Espanha

Orly (Paris)   Reino Unido

Copenhague   Alemanha

Benelux e Ceca

- Benelux – União alfandegária entre Bélgica, Holanda (Nederlanden) e Luxemburgo, em vigor desde 1948. Foi a primeira organização econômica de integração europeia.
- Ceca – Comunidade Europeia do Carvão e do Aço – organização implantada em 1952, para promover o intercâmbio específico de carvão, ferro, aço e sucata, por meio de acordos alfandegários especiais e padronização dos preços dos produtos. Membros fundadores: Alemanha, Bélgica, França, Holanda, Itália, Luxemburgo.

8. Complete o diagrama a seguir com os nomes dos países e das capitais da primeira organização econômica de integração na Europa.

```
      B
      E
      N
      E
      L
      U
      X
```

9. Com base no texto, complete as frases a seguir.

a) A sigla Ceca significa

b) A Ceca nasceu em

c) Os produtos que a Ceca regulamenta são

UE – União Europeia

Atualmente, grande parte da Europa (27 países) encontra-se reunida em um megabloco regional, a União Europeia.

A bandeira da União Europeia apresenta 12 estrelas sobre um fundo azul, representando a sua origem no Mercado Comum Europeu (MCE), criado em 1957 com o Tratado de Roma.

Bandeira da União Europeia.

Em 1993, passou a vigorar a cidadania única para os habitantes dos países-membros da UE.

Os cidadãos da UE gozam de quatro direitos básicos no âmbito social: livre circulação, assistência previdenciária, igualdade entre homens e mulheres e melhores condições de trabalho.

A criação do Mercado Comum Europeu ocorreu em 1957, com o Tratado de Roma, sendo composto por Bélgica, Holanda, Luxemburgo (Benelux), Alemanha, França e Itália.

Em 1967, foi transformado em Comunidade Econômica Europeia (CEE) que, em 1973, incorporou o Reino Unido, a Dinamarca e a Irlanda. Em 1986, foi a vez de Portugal e Espanha.

Em 1995, Áustria, Finlândia e Suécia aderiram ao Tratado de Maastrich.

Em 2004, passaram a integrar o bloco Chipre, Estônia, Hungria, Letônia, Lituânia, Malta, Polônia, Eslováquia, República Tcheca e Eslovênia.

Em 2007, passaram a integrar o bloco Bulgária e Romênia, compondo 27 países no total.

Objetivos da União Europeia

O objetivo inicial do Tratado de Roma era estabelecer uma política econômica comum na Europa, mediante o progressivo desaparecimento das barreiras alfandegárias entre os países-membros. Posteriormente, foram se fixando objetivos mais amplos e, finalmente, o Tratado da União Europeia (de Maastricht) pretendeu acelerar o processo de desenvolvimento econômico dos países-membros.

Para isso, foram fixados alguns objetivos. Entre eles, destacamos como os mais importantes:

- a criação de uma união econômica e monetária, com uma moeda comum única – o **euro**. Nem todos os países, porém, aderiram, como o Reino Unido.

- a livre circulação de mercadorias, de pessoas e de capitais.

- a defesa da liberdade, da democracia e do respeito aos direitos humanos.

- a solidariedade entre seus povos e a promoção do progresso social e econômico, para o qual foram criados os "fundos comunitários".

- a criação de uma cidadania única e a colaboração em assuntos de segurança interna.

- o desenvolvimento de uma política exterior e de segurança comuns.

10. No campo social, ficou garantida a cidadania única aos habitantes dos países do bloco, 27 atualmente. Identifique-os no mapa a seguir.

Fonte: Portal oficial da União Europeia. Disponível em: <europa.eu/about-eu/countries/index_pt.htm>. Acesso em: fev. 2013.

17. CEI: Comunidade dos Estados Independentes

O fim da União Soviética deixou o objetivo de manter uma associação entre as ex-repúblicas e integrá-las à nova ordem mundial. Assim, nasceu, em 1991, um bloco econômico com sede em Minsk – Belarus –, que integra 12 países, preservando a soberania de cada um: Armênia, Azerbaijão, Belarus, Casaquistão, Federação Russa, Geórgia, Moldávia, Quirguistão, Tadjiquistão, Turcomenistão, Ucrânia e Uzbequistão.

A disparidade econômica entre as repúblicas da CEI é o principal obstáculo para sua integração. A Federação Russa é o país mais forte economicamente desse bloco e tenta aumentar seu intercâmbio com países fora da organização.

Fonte: *Atlas Geográfico*. São Paulo: Melhoramentos, 2002.

1. Compare o mapa da CEI com o mapa político da Europa (Miniatlas) e identifique os países que não pertencem nem à UE nem à CEI.

2. Consulte os mapas políticos da Europa e da Ásia para descobrir quais são as capitais dos países da CEI.

Armênia –

Azerbaijão –

Belarus –

Casaquistão –

Federação Russa –

Geórgia –

Moldávia –

Quirguistão –

Tadjiquistão –

Turcomenistão –

Ucrânia –

Uzbequistão –

3. Recorde os capítulos de Geopolítica. Dos 15 países que compunham a União Soviética, apenas 12 integram a CEI. Você consegue identificar os três ausentes?

4. A Rússia tem parte de seu território situado na Europa e parte na Ásia. Dê a localização geográfica das outras repúblicas da CEI.

Países europeus	Países asiáticos

5. Observando os mapas, descubra quais são os países da Europa e da Ásia que se limitam com os da CEI.

Países europeus	Países asiáticos

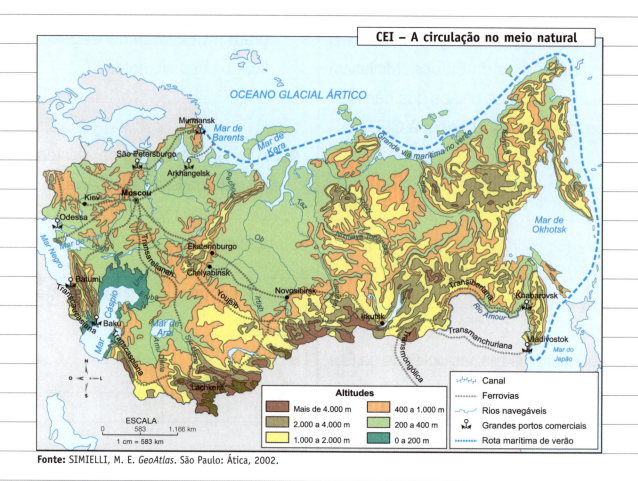

CEI – A circulação no meio natural

Fonte: SIMIELLI, M. E. *GeoAtlas*. São Paulo: Ática, 2002.

6. Compare os mapas da CEI com o planisfério (Miniatlas) e complete.

a) O território da CEI é atravessado pelo Círculo _____ e banhado pelo oceanos _____.

b) No território da CEI, existem _____ mares interiores: mar _____, que banha a Ucrânia, a _____ e a _____; mar _____, que banha o Azerbaijão, a _____, o _____ e o _____; mar de Azov, que banha a Ucrânia e a _____; e mar de _____, que banha o _____ e o Uzbequistão.

7. Compare os mapas da CEI com o mapa físico da Europa e responda às questões a seguir.

a) Na depressão Caspiana, encontram-se as terras mais baixas da CEI. Que países são mais caracterizados por essa depressão e por que ela recebe esse nome?

b) Localize e justifique o nome da ferrovia Transcaucasiana.

c) Qual país da CEI tem seu território estendido sobre os Cárpatos?

d) No extremo sul da CEI estão as terras altas do planalto do Pamir. Identifique o país caracterizado por ele.

e) A parte mais povoada da CEI é a _____, isto é, a oeste dos _____.

f) A região próxima ao mar _____ é a que apresenta as maiores densidades demográficas.

g) A maior parte da CEI situada ao norte do Círculo _____ apresenta densidades demográficas _____ a 2 habitantes por km^2.

8. Faça a correspondência dos principais portos da CEI e sua localização.

Dica: Consulte também o capítulo 18.

Mares
  a) do Japão ou do Leste
  b) Barents
  c) Negro
  d) Cáspio
  e) Báltico
  f) de Azov

Portos
  (   ) Murmansk
  (   ) São Petersburgo
  (   ) Archangelsk
  (   ) Odessa
  (   ) Baku
  (   ) Vladivostok
  (   ) Rostov Na-Donu

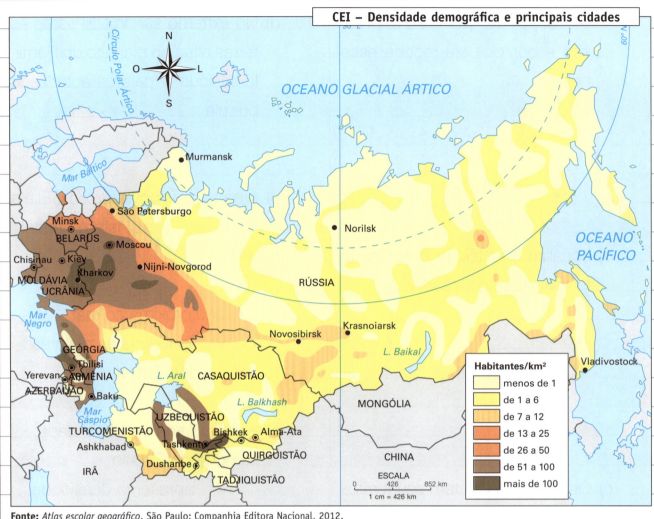

Fonte: *Atlas escolar geográfico*. São Paulo: Companhia Editora Nacional, 2012.

9. Compare os mapas da CEI e complete as frases a seguir.

a) Os países que apresentam regiões com "vazios demográficos" – menos de 1 habitante por km² – são

b) Os países que apresentam áreas com as maiores concentrações populacionais da CEI – mais de 100 habitantes por km² – são

c) A parte mais povoada da CEI é a _____, isto é, a oeste dos _____.

d) A região próxima ao mar _____ é a que apresenta as maiores densidades demográficas.

e) A maior parte da CEI situada ao norte do Círculo _____ apresenta densidades demográficas _____ a 1 habitante por km².

10. Dê exemplos de três cidades em cada faixa de densidade demográfica.

HABITANTES POR KM²
De 0,1 a 6
De 7 a 50
De 51 a 100
Superior a 100

11. Escolha um país componente da CEI. Em livros, revistas ou na internet, procure dados e uma imagem desse país e complete o quadro a seguir.

País: _____

Capital: _____

População: _____

Densidade demográfica: _____

Principais atividades econômicas: _____

18. A Rússia e a economia da CEI

O espaço ocupado pela CEI é beneficiado por dois tipos de solo: o *podsol*, chamado **solo cinza**, e o *tchernozion*, chamado **solo negro** e considerado um dos solos mais férteis do mundo.

No inverno, a cobertura de gelo da região polar avança sobre a Sibéria, sobre a área das coníferas – a taiga – e cobre até as pradarias, em direção ao sul. As chamadas pradarias são vegetações rasteiras – **estepes** – marcadas por pouca umidade. Ali, a cobertura de neve baixa a temperatura e queima a vegetação, ao mesmo tempo que hidrata a terra. Paralelamente, o calor da terra faz com que o gelo derreta, e a pradaria queimada vai apodrecendo por causa da umidade, transformando-se em importante adubo orgânico. A terra, então, fica naturalmente adubada e pronta para produzir.

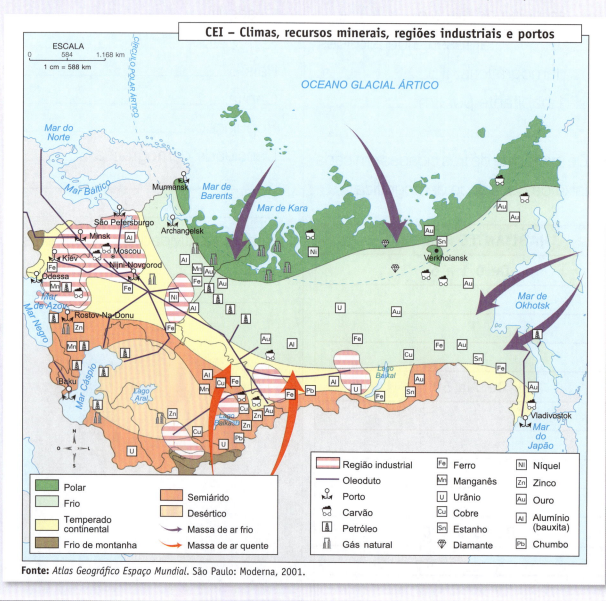

Fonte: *Atlas Geográfico Espaço Mundial*. São Paulo: Moderna, 2001.

1. Compare o mapa de densidade demográfica com o mapa de climas da CEI e explique os "vazios demográficos" da Federação Russa.

2. Qual porto da CEI não pode ser usado no inverno? Explique por quê.

3. O Casaquistão apresenta uma região coberta por vegetação de estepe árida e deserto. Compare os mapas e caracterize essa região climática e populacional.

4. Leia o texto, observe o mapa e complete as frases.

a) A vegetação de tundra cobre as regiões de clima polar. A Floresta Boreal, chamada _____, cobre as regiões de clima frio.

b) A taiga siberiana sofre intensa exploração

c) As pradarias, chamadas _____, cobrem regiões de clima temperado continental.

d) Nessas regiões, forma-se o solo tchernozion, muito _____, de grande importância para a

5. Compare os mapas e indique o clima nas cidades a seguir.

a) Verkhoiansk –
b) Tbilisi – Semiárido
c) Moscou –
d) São Petersburgo –
e) Dushanbe –

6. Observe os símbolos dos recursos minerais no mapa e complete as frases a seguir.

a) As principais bacias carboníferas estão na _____, na _____ e no _____, e a produção de petróleo está na região do mar _____ e do Cáucaso (Rússia), além dos campos maiores no norte.

b) O problema das enormes distâncias exigiu a construção de cerca de 100.000 km de oleodutos, além de ferrovias, _____ e hidrovias.

c) A região também dispõe de enormes reservas de minério de _____, principalmente na Ucrânia e na área dos montes _____.

d) A maior abundância dos recursos está muito próxima à cadeia dos _____ Urais, na parte europeia, e, não coincidentemente, essa é a região mais industrializada da _____. Em Donetsk, na Ucrânia, em Moscou e em São _____, onde se encontram as principais indústrias de bens de consumo, se concentra a população capaz de garantir _____ e mercado _____.

e) O maior número de jazidas de carvão encontra-se na parte _____ da CEI.

A Ucrânia apresenta uma importante bacia carbonífera. Na foto, transporte de carvão na Ucrânia, 2012.

7. Observe no mapa a rede de oleodutos e cite algumas cidades importantes localizadas na maior região industrial da CEI.

8. Relacione os principais recursos minerais da CEI, indicando pelo menos uma região de produção de cada recurso.

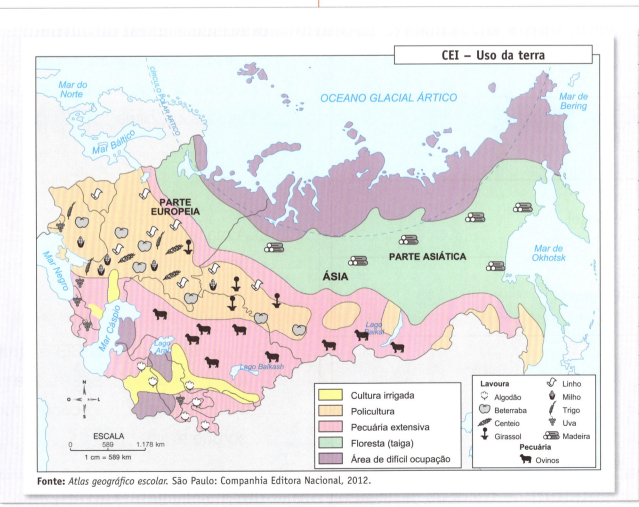

Fonte: *Atlas geográfico escolar.* São Paulo: Companhia Editora Nacional, 2012.

A agricultura mecanizada, com produção de cereais, concentra-se no lado europeu; na parte leste, asiática, a agricultura é mais esparsa e variada.

9. Observe o mapa e complete o quadro a seguir.

Produtos	Países produtores
Linho	
Trigo	
Centeio	
Milho	
Girassol	
Beterraba	
Algodão	
Uva	

10. Compare os mapas da CEI e complete as frases a seguir.

a) A criação de ovinos localiza-se na _____ e no _____, em regiões de climas _____.

b) As culturas irrigadas da CEI localizam-se em regiões de climas _____.

c) A produção de beterraba açucareira, a policultura e a grande cultura de trigo localizam-se nas regiões de clima _____.

d) A madeira é extraída da _____, floresta de clima frio.

e) O extremo norte da CEI é uma região de clima _____, sem aproveitamento econômico, porque é _____.

19. Uma história colonial

A Ásia é uma imensidão de contrastes. A cultura milenar de seu povo constitui o maior tesouro do continente. Essa grandiosidade chamou a atenção do Ocidente, que chegou com grande interesse sobre a área comercial oriental, entre os séculos X e XV (período que caracteriza o início do mercantilismo).

Na Ásia, o europeu encontrou, em sua maioria, civilizações complexas, algumas com elevado desenvolvimento tecnológico.

Apesar de os europeus não se apropriarem diretamente dos territórios, eles foram impondo a essas regiões subordinação econômica e política.

Paisagem do continente asiático.

No século XIX, as pressões por mercado, impostas pelo capitalismo, tornavam a Ásia um palco de disputa pelas nações em expansão, interessadas nas matérias-primas e no farto mercado consumidor existente na região. Essa disputa deu origem ao neocolonialismo, que era uma nova forma de colonização. No entanto, a subordinação da Ásia aos interesses de outros povos, principalmente europeus, já vinha se estabelecendo desde o século XV.

Durante todo esse período, os asiáticos sofreram forte impacto dessa dominação em suas estruturas cultural, política e econômica.

Somente após a Segunda Guerra Mundial é que se iniciou o processo de descolonização na Ásia, pois, nesse momento, as potências europeias ficaram enfraquecidas com a bipolarização entre os Estados Unidos e a União Soviética.

1. Apesar da riqueza cultural asiática, os europeus foram para a região com outro interesse. Qual?

2. Na Ásia, o europeu encontrou uma civilização diferente do que encontraria na América e na África. Em que consiste essa diferença?

3. Como os europeus se fortaleceram na Ásia?

5. Que impacto sofreram os povos asiáticos com o domínio estrangeiro?

4. Por que a Ásia foi palco de disputa das nações em expansão durante o século XIX?

6. Observe o mapa a seguir e responda às questões.

Fonte: *Atlas da História do Mundo*, The Times, 2002.

a) Que países disputavam a Ásia no século XIX?

b) Observe as datas sob os nomes dos países. A maioria é posterior a um grande fato que marcou a história mundial. Que fato foi esse?

7. Coloque V para verdadeiro e F para falso.

( ) O neocolonialismo não ocorreu na Ásia.

( ) As mudanças nas estruturas asiáticas estavam vinculadas aos interesses do colonizador.

20. As terras da Ásia

O continente asiático está localizado quase integralmente nos hemisférios Setentrional e Oriental do globo.

É na Ásia que se encontra o pico mais alto do mundo, o monte Everest.

Fonte: *Atlas geográfico escolar.* Rio de Janeiro: IBGE, 2009.

Na fronteira entre a China, a Índia, o Nepal e o Butão, se encontra o Himalaia, de onde se destaca o mais alto de todos os alçamentos terciários do mundo.

Principais planaltos:

- Planalto do Tibete;
- Planalto do Pamir;
- Planalto da Anatólia;
- Planalto da Armênia;
- Planalto da Arábia;
- Planalto do Irã;
- Planalto do Decã;
- Planalto da Mongólia;
- Planalto Central Siberiano.

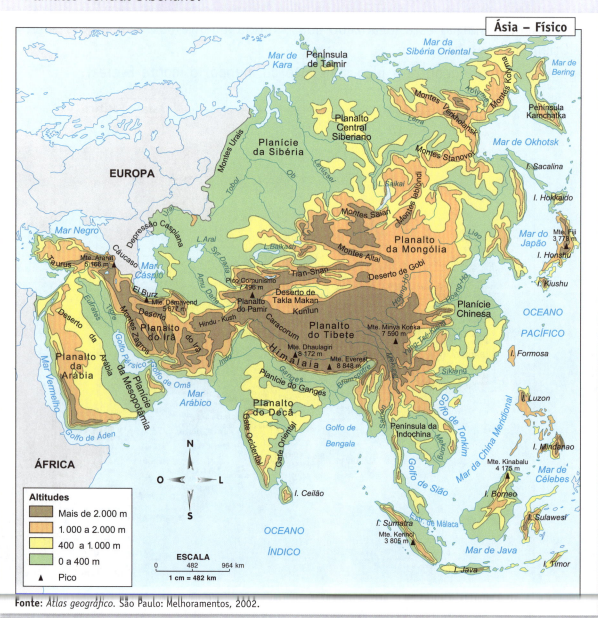

Fonte: *Atlas geográfico*. São Paulo: Melhoramentos, 2002.

1. Observe o mapa político da Ásia e indique a capital do(a):

a) China -

b) Japão -

c) Coreia do Sul -

d) Taiwan -

e) Filipinas -

2. Responda às questões a seguir.

a) Onde fica o Himalaia?

b) Que monte do Himalaia se destaca como o porto mais alto de origem terciária do mundo?

Responda às questões a seguir com base no mapa.

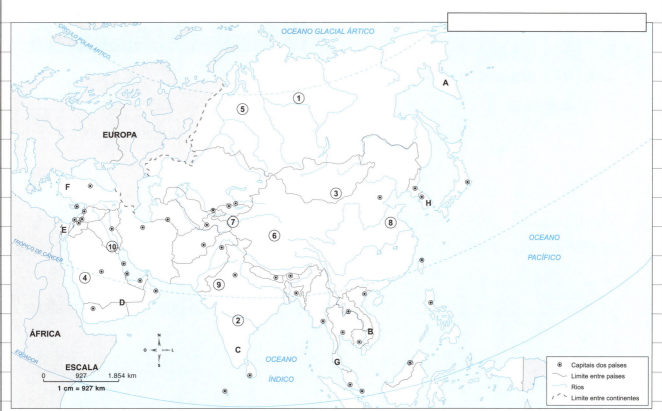

Fonte: *Atlas geográfico*. São Paulo: Melhoramentos, 2002.

3. Identifique o país onde se encontra o número:

a) 1

b) 2

c) 3

d) 4

e) 8

f) 10

4. Identifique as formações de relevo abaixo:

a) 1

b) 2

c) 3

d) 4

e) 6

f) 7

5. Cite três países banhados pelo oceano Índico.

6. Identifique as formações de relevo abaixo:

a) 5

b) 8

c) 9

d) 10

As planícies fluviais são muito disputadas pelas populações asiáticas, principalmente em razão de a economia do continente estar ligada às atividades primárias, especialmente à agricultura.

Principais rios: rio Ganges, rio Mekong, rio Tigre, rio Eufrates, rio Huang-ho e rio Yang-tsé-kiang.

Principais planícies: Planície da Sibéria, Planície do Ganges, Planície Chinesa e Planície da Mesopotâmia.

Plantações à margem do rio Tigre.

7. Por que as planícies fluviais são tão disputadas na Ásia?

8. Quais são os principais rios asiáticos?

9. Observe o mapa físico asiático e responda:

a) Que país é banhado pelo Yang-tsé-kiang?

b) E pelo Ganges?

c) E pelo Tigre e o Eufrates?

10. Identifique as penínsulas indicadas por:

a) A

b) B

21. Os contrastes da paisagem natural

Os contrastes observados nos climas asiáticos são extremos. Em virtude da posição geográfica, da extensão do continente, da variedade altimétrica do relevo e da ação das massas de ar e das correntes marinhas, é possível encontrar na Ásia climas extremamente frios ou extremamente quentes e com alta pluviosidade ou aridez intensa.

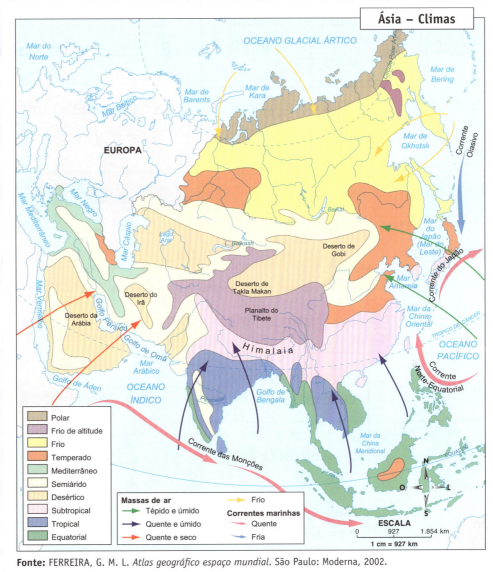

Fonte: FERREIRA, G. M. L. *Atlas geográfico espaço mundial*. São Paulo: Moderna, 2002.

Observe o quadro de climas e suas características.

Clima	Característica
equatorial	quente e com alta pluviosidade
tropical	verão chuvoso e inverno seco
subtropical	clima de transição entre o temperado e o tropical
temperado	estações bem definidas, com pluviosidade regular e bem distribuída ao longo do ano
mediterrâneo	verão seco e inverno chuvoso
desértico	extremamente árido
semiárido	chuvas bastante escassas
polar	extremamente frio
frio de montanha	temperaturas variáveis de acordo com a altitude

1. Quais as razões para os diversos contrastes nos climas asiáticos?

2. Observe o mapa de climas e identifique os desertos asiáticos.

3. Utilizando o mapa de climas e o político, identifique os climas atuantes:

a) na Índia

b) na China

c) na Indonésia

d) na Arábia Saudita

4. Associe o tipo de clima à massa de ar atuante:

(1) desértico ou semiárido
(2) temperado
(3) tropical ou subtropical
(4) frio ou polar

(   ) frio
(   ) quente e seco
(   ) quente e úmido
(   ) tépido e úmido

5. Associe as colunas.

(1) clima temperado
(2) clima equatorial
(3) clima tropical
(4) clima mediterrâneo
(5) clima frio de montanha

(   ) quente e úmido
(   ) verão seco e inverno chuvoso
(   ) temperaturas variáveis de acordo com a altitude
(   ) verão chuvoso e inverno seco
(   ) estações bem definidas, com pluviosidade regular e bem distribuída ao longo do ano

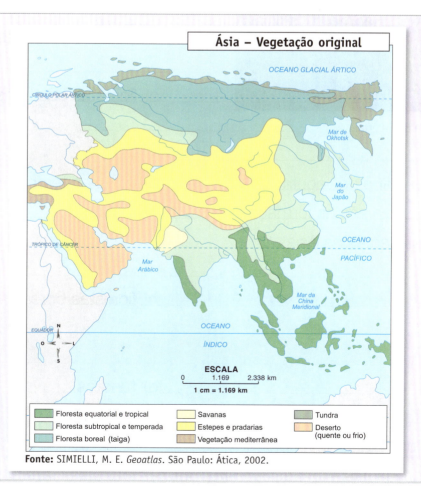

Fonte: SIMIELLI, M. E. *Geoatlas*. São Paulo: Ática, 2002.

Florestas equatoriais e tropicais – bastante densas e heterogêneas, são fornecedoras de madeiras de lei.

Florestas temperadas – constituídas de vegetais de características caducifólias (perda das folhas no outono).

Floresta boreal ou taiga siberiana – constituída basicamente por coníferas, fornecedoras de madeira branda.

Tundras – constituídas de musgos e liquens.

Estepes ou pradarias – vegetação rasteira.

Vegetação de taiga na Sibéria.

6. Observe o mapa de vegetação e responda quais são as formações vegetais presentes na Ásia.

7. Compare o mapa de vegetação e o político da Ásia. Que vegetações são predominantes:

a) na China

b) na Índia

c) na Indonésia

d) na Arábia Saudita

8. Caracterize as vegetações:

a) florestas equatoriais e tropicais

b) florestas temperadas

c) florestas boreais

d) tundras

22. A explosão demográfica

O continente asiático é o que mais se destaca em população absoluta no mundo: mais de 4 bilhões e 211 milhões de habitantes – 60% da população mundial.

Apresenta uma densidade demográfica de 94,46 habitantes por quilômetro quadrado, mas as condições físicas do território, com muitos desertos, altas montanhas, regiões polares e densas florestas, influenciam a grande irregularidade na distribuição dessa população.

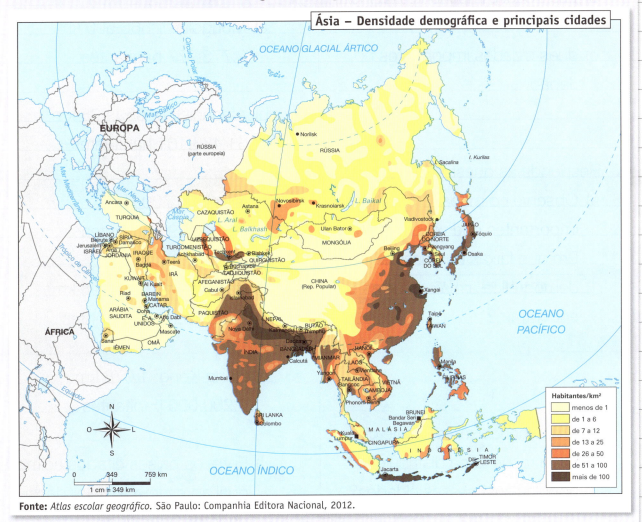

Fonte: *Atlas escolar geográfico.* São Paulo: Companhia Editora Nacional, 2012.

1. Complete as lacunas.

O continente _____ é o que mais se destaca em população _____ no mundo: mais de 4 bilhões e 211 milhões de _____ – 60% da população mundial.

2. Qual é a razão para a má distribuição populacional na Ásia?

3. Observe o mapa da página anterior. Cite:

a) duas cidades importantes na China;

b) três cidades importantes na Índia;

c) duas cidades importantes no Japão.

4. Responda às questões.

a) Observe no mapa as cidades importantes que você citou. Em que faixas de densidade demográfica a maioria delas se encontram?

b) A que conclusão se pode chegar a respeito da distribuição populacional nessas cidades?

5. Em que regiões ficam as grandes concentrações populacionais.

6. Dê o que se pede:
Dada a superfície e a população aproximada de cada país em 2010, determine sua densidade demográfica.

a) Mongólia: 1.566.500 km^2
2.773.977 habitantes

b) Afeganistão: 652.225 km^2
31.473.161 habitantes

c) Israel: 20.700 km^2
7.631.039 habitantes

d) Bangladesh: 143.998 km^2
149.715.654 habitantes

e) Hong Kong: 1.078 km^2
7.200.000 habitantes

f) Entre os países citados acima, qual apresenta a maior densidade demográfica?

g) E a menor?

Adensamento populacional na Ásia

Na Ásia, há um grande adensamento populacional próximo das planícies fluviais, em virtude da presença de cidades importantes nessas regiões e da forte presença do setor primário, principalmente da agricultura, na economia dos países asiáticos.

Dessa forma, a população asiática acaba sendo predominantemente rural, aglomerando-se nas planícies que aparecem junto aos cursos de alguns rios do continente e que apresentam ótima fertilidade para a atividade agrária.

No entanto, se por um lado as atividades primárias elevam a ruralização na maioria dos países asiáticos, há outros que, pelo grande desenvolvimento dos setores secundário e terciário, apresentam altos percentuais de urbanização. É o caso do Kuwait, de Israel, de Catar e do Japão.

O quadro de atraso econômico dos países asiáticos, num sentido geral, diminui sensivelmente a qualidade de vida da população de muitos países.

7. Qual a razão do grande adensamento populacional próximo das planícies fluviais da Ásia?

8. Complete as lacunas com as palavras do quadro.

> rural – agrária – rios – asiática
> planícies – fertilidade

A população _____ é predominantemente _____, aglomerando-se nas _____ que aparecem junto aos cursos de alguns _____ do continente e que apresentam ótima _____ para a atividade _____.

9. Responda às questões a seguir.
   a) Que fatores elevam o percentual de urbanização em alguns países da Ásia?

   b) Em que países ocorre um grande percentual de urbanização?

10. O que acarreta o quadro de atraso econômico dos países asiáticos?

23. Oriente Médio

No Oriente Médio, encontra-se a maior riqueza mineral da Ásia: o petróleo. Ali estão os principais lençóis petrolíferos do globo; porém, a exploração desse recurso está voltada basicamente para o abastecimento do mercado externo.

Como exportadores de um produto essencial na manutenção do desenvolvimento econômico mundial, os países do Oriente Médio, pressionados pelas companhias estrangeiras sobre o controle da exploração do petróleo, criaram a Organização dos Países Exportadores de Petróleo (Opep) em 1960.

Hoje, a Opep é composta de seis países asiáticos, quatro africanos e dois americanos. São eles: Angola, Argélia, Arábia Saudita, Catar, Emirados Árabes Unidos, Irã, Iraque, Kuwait, Líbia, Nigéria, Equador e Venezuela.

O objetivo desse organismo é unificar a política petrolífera dos países-membros por um controle de preços, estabelecendo pressões no mercado.

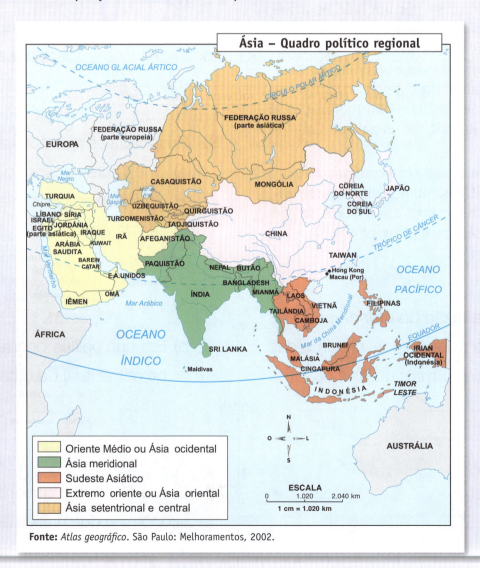

Fonte: *Atlas geográfico*. São Paulo: Melhoramentos, 2002.

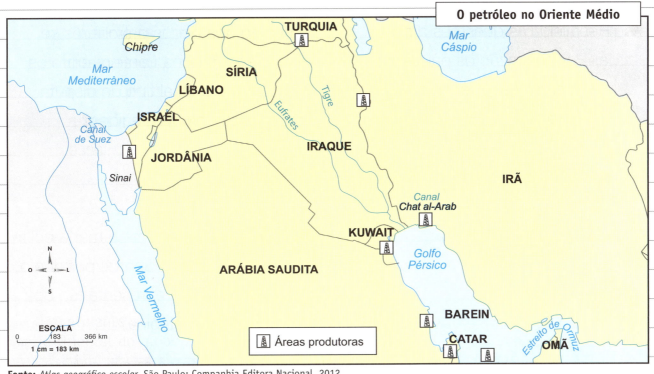

Fonte: *Atlas geográfico escolar*. São Paulo: Companhia Editora Nacional, 2012.

1. Veja o mapa político da Ásia, na página 83. Quais são os países que fazem parte do Oriente Médio?

2. Complete as lacunas.

No _____, encontra-se a maior riqueza mineral da _____ : o _____.
Ali estão os principais _____ petrolíferos do globo; porém, a exploração desse _____ está voltada basicamente para o abastecimento do mercado _____.

3. Responda às questões a seguir.

a) Em que ano foi fundada a Opep?

b) Quais países asiáticos fazem parte da Opep?

c) Quais países africanos?

d) Quais países americanos?

4. Responda às questões a seguir.

a) Por que razão os países do Oriente Médio resolveram criar a Opep?

b) Qual é o objetivo dessa organização?

5. Observe o mapa "O petróleo no Oriente Médio" e responda às questões a seguir.

a) Quais são os dois rios presentes no mapa?

b) Vê-se, no mapa, que boa parte dos poços petrolíferos se encontra na fronteira entre os países. Qual tipo de disputa existe nessas regiões?

6. Observe novamente o mapa político da Ásia e responda: por que o Oriente Médio apresenta tão boa posição estratégica?

Agricultura e pecuária

Se você voltar aos capítulos sobre clima e relevo na Ásia, vai verificar que a aridez caracteriza essa região.

Apesar disso, essas extensas áreas são ocupadas por boa parte da população, que desenvolve atividades de agricultura e pecuária.

Regiões	Produtos
Planície Litorânea junto ao mar Vermelho	cereais, tâmara e café
Litoral da península da Anatólia	cítrico, vinhas, olivais, algodão, tabaco e trigo
Planície da Mesopotâmia	grãos

Observe o quadro que relaciona a região ao tipo de produção: veja que a península da Anatólia corresponde à região formada pela Turquia, Líbia, Síria, Jordânia e Israel.

Cerca de um terço da população do Oriente Médio dedica-se à criação extensiva de gado – são numerosos grupos nômades que se deslocam com rebanhos de ovelhas, cabras e camelos.

7. Complete as lacunas.

A _____ caracteriza o Oriente Médio. Apesar disso, essas áreas são ocupadas por boa parte da _____, que desenvolve atividades de _____ e _____.

8. Responda às questões de acordo com o mapa sobre economia industrial.

a) Que indústrias extrativas estão presentes no Oriente Médio?

b) E quais indústrias de transformação?

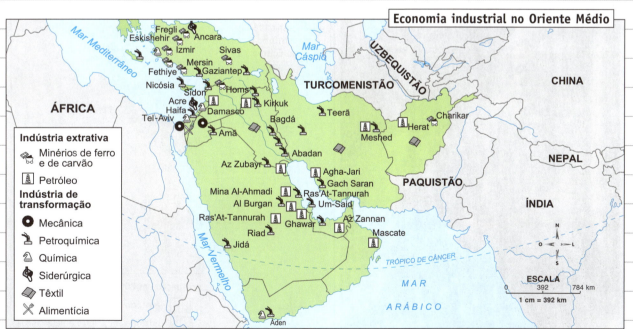

Fonte: *Atlas geográfico escolar*. Rio de Janeiro: IBGE, 2009.

Com exceção do setor petroquímico, que se destaca pela abundância de matéria-prima, de modo geral, a indústria do Oriente Médio é pouco expressiva.

9. Relacione as colunas.

(1) planície litorânea junto ao mar Vermelho

(2) litoral da península da Anatólia

(3) Planície da Mesopotâmia

( ) cítricos, vinhas, olivais, algodão, tabaco e trigo

( ) grãos

( ) cereais, tâmara e café

10. Que rebanhos são criados no Oriente Médio?

24. Os conflitos no Oriente Médio

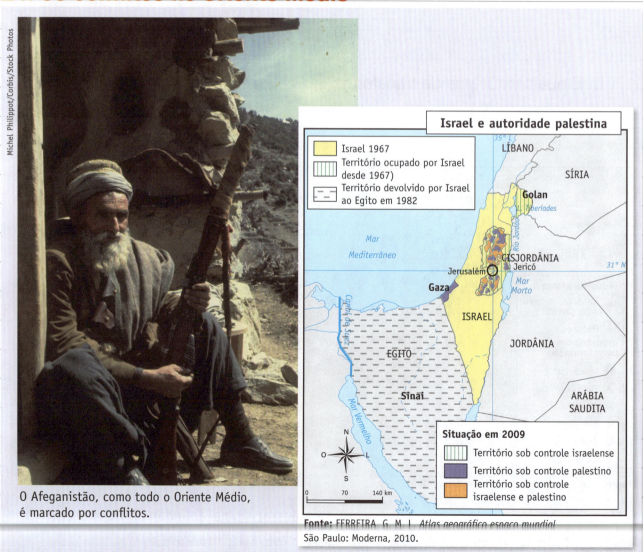

O Afeganistão, como todo o Oriente Médio, é marcado por conflitos.

Fonte: FERREIRA, G. M. L. Atlas geográfico espaço mundial. São Paulo: Moderna, 2010.

> Na Antiguidade, a Palestina foi habitada por 12 tribos judaicas e foi sede do reino de Davi entre 1008 e 1000 a.C.
>
> **135 d.C.** – Os judeus são expulsos da região (Diáspora).
>
> **570 d.C.** – Nascimento de Maomé, fundador da religião muçulmana, o islamismo.
>
> **Séculos V e VI** – progressiva ocupação árabe na Palestina.
>
> **1896** – I Congresso Sionista, no qual foi proposto um Estado judeu na Palestina.
>
> **1917** – Palestinos lutam contra a colonização judaica, que aumenta com a perseguição nazista aos judeus na Europa.
>
> **1947** – As Nações Unidas decretam a partilha da Palestina, aprovando a criação de dois Estados, um judeu e um palestino. Jerusalém teria *status* de cidade internacional.
>
> **1948** – Fundação do Estado de Israel.

1. Observe o mapa. Que países fazem fronteira com a Palestina?

2. Responda às questões a seguir.
   a) No que consistiu a Diáspora?

   b) Em que ano ocorreu a Diáspora?

3. Complete as lacunas.
   Em _____ nasceu Maomé, fundador da religião _____, também conhecida como _____.

4. Relacione as colunas de acordo com a ordem cronológica dos acontecimentos.

(1) 135 d.C.   (4) séculos V e VI
(2) 1917
(3) 570 d.C.   (5) 1896

(   ) Palestinos lutam contra a ocupação judaica, que aumenta com a perseguição nazista aos judeus na Europa.
(   ) Os judeus são expulsos da região.
(   ) I Congresso Sionista, no qual foi proposto um Estado judeu na Palestina.
(   ) Nascimento de Maomé.
(   ) Progressiva ocupação árabe na região.

> **1959** – Yasser Arafat cria o Al Fatah, grupo que visa à criação de um Estado palestino por meio da luta armada.
>
> **1964** – Fundação da Organização para a Libertação da Palestina (OLP), com o objetivo de unificar a luta dos vários grupos palestinos que lutam pelo reconhecimento de um território palestino.
>
> **1967** – Guerra dos Seis Dias – Israel anexa a Cisjordânia, a Faixa de Gaza, a península do Sinai e as colinas de Golã.
>
> **1973** – Guerra do Yom Kippur entre Israel, Síria e Egito. Aumentam os atentados terroristas palestinos contra israelenses.
>
> **1980** – A ONU exige a retirada israelense dos territórios ocupados em 1967.
>
> **1987** – Começa na Cisjordânia e em Gaza a

rebelião civil palestina conhecida como Intifada. A OLP reconhece a existência do Estado de Israel.

1994 – Yitzhak Rabin, primeiro-ministro de Israel, assina a devolução de terras ocupadas por Israel aos palestinos.

1995 – Rabin é assassinado por um colono israelense.

1996 – O novo governo de Israel é contrário à devolução dos territórios como condição de paz.

2004 – Morre Yasser Arafat, fundador da OLP e presidente da Autoridade Palestina desde 1996.

2005 – Israel inicia o plano de desligamento, pelo qual retira de Gaza seus soldados e 8 mil colonos.

2007 – Grupo Hamas toma o controle de Gaza pela força. Mahmud Abbas, presidente da Autoridade Nacional Palestiana (ANP), dissolve governo e forma outro, com Salam Fayyad como primeiro-ministro.

2008/2009 – Israel lança operação contra Hamas na Faixa de Gaza, sua maior ofensiva em 40 anos, e deixa 1.300 mortos.

2010 – Em Washington D.C., sob a mediação do presidente dos EUA, Barack Obama, são travadas as primeiras negociações diretas com a participação de Abbas e Netanyahu, após 20 meses de paralisação. Elas, porém, terminam sem sucesso, após Israel não renovar moratória de construção de assentamentos na Cisjordânia.

2011 – Barak Obama pede que fronteiras israelenses anteriores à Guerra dos Seis Dias sejam base para formação do Estado palestino. Netanyahu rejeita proposta, falando que divisas de 1967 são "indefensáveis".

5. Responda às questões a seguir.

a) Quem foi o criador do Al Fatah?

b) O que é o Al Fatah?

c) Quando foi fundada a OLP?

d) Qual foi o objetivo da fundação da OLP?

6. Responda às questões a seguir.

a) Quando ocorreu a Guerra dos Seis Dias?

b) Que territórios foram anexados por Israel após a guerra?

7. Responda às questões a seguir.

a) Quem foi Yitzhak Rabin?

b) Qual era o conteúdo do acordo assinado por ele e pela OLP em 1994?

8. Relacione as colunas abaixo de acordo com a ordem cronológica dos acontecimentos.

(9) 2005
(1) 1947
(2) 1973
(3) 1987
(4) 1994
(5) 1948
(6) 1964
(7) 1995
(8) 1959
(10) 2008-2009

(   ) Israel retira soldados e 8 mil colonos da faixa de Gaza.
(   ) Início da Intifada.
(   ) Yitzhak Rabin é assassinado por um colono israelense.
(   ) Fundação do Estado de Israel.
(   ) Criação do Al Fatah.
(   ) A ONU decreta a partilha da Palestina.
(   ) Fundação da OLP.
(   ) Guerra do Yom Kippur.
(   ) Yitzhak Rabin assina devolução de terras ocupadas por Israel aos palestinos.
(   ) 1,3 mil mortos na faixa de Gaza

> **Outros conflitos no Oriente Médio:**
> **Afeganistão** – O país tenta se reconstruir após a invasão e o bombardeio estadunidense, que teve como objetivo retaliar as forças do talibã, que controlava parte do país. O talibã é constituído, em sua maioria, por militantes do Al Qaeda, grupo responsável pelo ataque de 11 de setembro de 2001 aos Estados Unidos e cujo principal líder era Osama bin Laden.
> **Guerra Irã x Iraque** (1980) – Disputa do Canal Chat al-Arab, principal terminal de exportação de petróleo das duas nações.
> **Guerra do Golfo** (1990) – Saddam Hussein, governante iraquiano, invade o Kuwait, contrariando os interesses estadunidenses sobre o petróleo da região e deflagrando uma guerra de grandes proporções.

9. Sobre o Afeganistão, responda:
a) Por que os Estados Unidos invadiram e atacaram o Afeganistão?

b) Quem era o principal líder do Al Qaeda?

10. Responda às questões a seguir.
a) Qual foi a razão da Guerra Irã x Iraque?

b) Qual foi o motivo da Guerra do Golfo?

25. O Sudeste Asiático

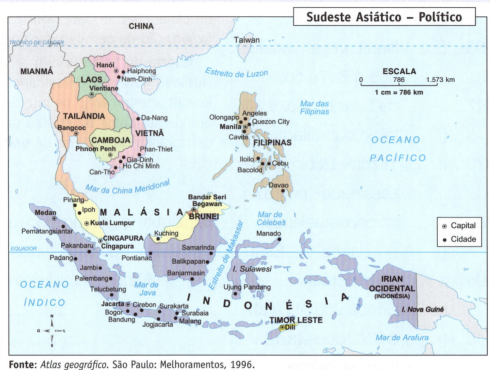

Fonte: *Atlas geográfico*. São Paulo: Melhoramentos, 1996.

O Sudeste Asiático foi uma área de intensa dominação europeia – franceses, ingleses, holandeses e até portugueses tentaram criar ali suas colônias de agricultura tropical.

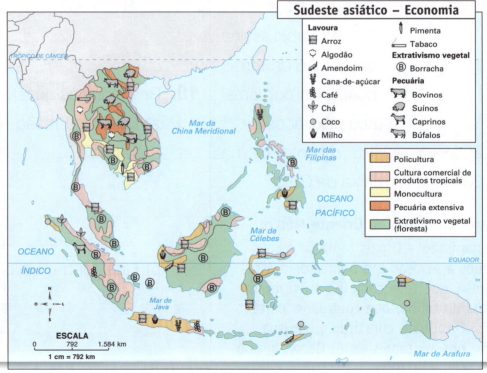

Fonte: *Atlas geográfico escolar*. São Paulo: Companhia Editora Nacional, 2012.

Culturas na Ásia

Há na região duas formas de cultura: a monocultura e a jardinagem.

Monocultura – cultura extensa de um alimento.

Jardinagem – agricultura de sistema intensivo, em que os pequenos espaços são altamente produtivos e cuidados manualmente.

A Malásia, a Tailândia e a Indonésia são os maiores produtores mundiais de látex, extraído das seringueiras, cultivadas na forma de monocultura.

A rizicultura (cultivo de arroz) é um dos principais produtos agrícolas da região. Seu cultivo é favorecido pelas inundações causadas pelas chuvas durante o verão.

A agricultura é uma das principais atividades do Sudeste Asiático.

1. Com base no mapa "Sudeste Asiático – Político", indique quais países fazem parte dessa região.

2. Complete as lacunas.

O _____ Asiático foi uma área de intensa dominação _____ – franceses, _____, _____ e portugueses tentaram criar ali suas _____ de agricultura tropical.

3. Observe o mapa "Sudeste Asiático – Economia" e responda às questões a seguir.

a) Que rebanhos são criados na região?

b) Em que países há criação de suínos?

c) E de bovinos?

d) Cite cinco produtos da agricultura do Sudeste Asiático.

e) Em que países há cultivo de cana-de-açúcar?

f) E de milho?

g) E de arroz?

4. Quais são os países de maior produção de látex do Sudeste Asiático e do mundo?

5. Que fator favorece o cultivo de arroz na região?

Guerra do Vietnã

A Guerra do Vietnã começou a se delinear em 1954, com os acordos que puseram fim à dominação colonial da França na Indochina e dividiram o Vietnã em dois: Vietnã do Sul, sob influência capitalista, e Vietnã do Norte, comunista.

O período entre 1954 e 1960 foi marcado pela turbulência no sul. Um governo ditatorial levou à criação de um movimento de oposição armada em 1961, a Frente de Libertação Nacional (FLN), cujos combatentes, os vietcongues, queriam unificar o Vietnã. Contra os vietcongues, o governo do sul passou a receber apoio militar dos Estados Unidos (em 1968, eram mais de 500 mil soldados americanos no Vietnã).

Em 1968, os vietcongues e os norte-vietnamitas atacaram todas as cidades e centros administrativos do sul, inclusive a embaixada estadunidense em Saigon. Esse fato abalou a determinação dos Estados Unidos, fazendo com que o país acabasse se retirando em 1973.

Em 1975, o Vietnã foi reunificado, o que custou a vida de 1,5 milhão de vietnamitas e de mais de 50 mil estadunidenses.

6. Responda às questões a seguir.

a) Quando a Guerra do Vietnã começou a se delinear?

b) Que acordos foram responsáveis por esse delineamento?

c) Relacione as colunas.

(1) Vietnã do Norte

(2) Vietnã do Sul

(   ) influência ocidental

(   ) comunista

7. Responda às questões a seguir.

a) O que levou à criação da FLN?

b) Quem eram os combatentes da FLN?

c) Qual era o objetivo dos vietcongues?

d) De quem o governo do sul recebeu ajuda para combater a FLN?

8. Que episódio desencadeou a derrota do Vietnã do Sul e dos Estados Unidos?

9. Responda às questões a seguir.

a) Em que ano o Vietnã foi reunificado?

b) Qual foi o custo dessa reunificação?

26. Tigres Asiáticos, Apec e Asean

A industrialização asiática é, de maneira geral, um acontecimento recente. Dispondo de fontes variadas de matérias-primas e abundante mão de obra, muito barata e eficiente, os países asiáticos passaram a ser vistos como regiões propícias para a implantação de filiais de indústrias estrangeiras.

Os quatro primeiros "Tigres" foram Coreia do Sul, Taiwan, Cingapura e Hong Kong (território chinês sob a administração inglesa até 1997) e receberam grandes investimentos, especialmente do Japão.

As principais indústrias nos Tigres Asiáticos são do setor têxtil, eletroeletrônico e metalúrgico. Seus produtos apresentam qualidade e são bem aceitos no mercado internacional.

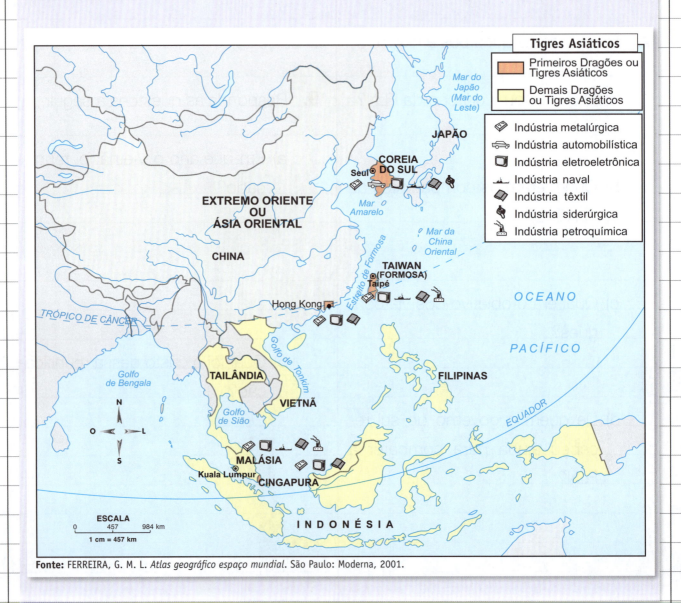

Fonte: FERREIRA, G. M. L. *Atlas geográfico espaço mundial*. São Paulo: Moderna, 2001.

Seul, capital da Coreia do Sul.

1. Responda às questões a seguir.

a) Quais foram os quatro primeiros Tigres?

b) Identifique suas respectivas capitais (exceto Hong Kong).

2. Que fatores tornaram esses países atrativos para as multinacionais?

3. Qual foi o país que mais investiu nos Tigres Asiáticos?

4. Quais são as principais indústrias presentes nos Tigres Asiáticos?

5. O que se pode dizer sobre a qualidade dos produtos fabricados nos Tigres Asiáticos?

Tigres asiáticos

Além dos quatro primeiros Tigres, surgiram, posteriormente, a Indonésia, a Malásia, a Tailândia e as Filipinas.

No entanto, o ritmo de crescimento dos Tigres Asiáticos diminuiu bruscamente nos últimos anos.

Em parte, essa desaceleração deu-se em virtude do aumento da concorrência e da elevação dos salários nesses países, fatos que levaram à queda das exportações e da produtividade.

6. Responda às questões a seguir.

  a) Que outros Tigres surgiram posteriormente?

  b) Quais são as respectivas capitais desses países?

7. Que fatores causaram a desaceleração na economia desses países?

Apec

A Cooperação Econômica da Ásia e do Pacífico – Apec – surgiu em 1989 e tem o objetivo de transformar a bacia do Pacífico em uma área de livre-comércio e tornar-se o mais poderoso bloco econômico do planeta, criando uma zona de livre-comércio até 2020. Na prática, as barreiras já vêm caindo nos últimos anos.

A Apec tem sede em Cingapura e começou a se formar em 1989, a partir de conversações entre os países da Asean e seus parceiros econômicos da região do Pacífico.

Países-membros:

– europeu/asiático – Federação Russa;

– americanos – Canadá, Estados Unidos, México, Chile e Peru;

– do Sudeste Asiático – Brunei, Indonésia, Malásia, Filipinas, Cingapura, Tailândia e Vietnã;

– do Extremo Oriente – Japão, Coreia do Sul, China, Hong Kong (China) e Taiwan (Formosa);

– da Oceania – Austrália, Nova Zelândia e Papua-Nova Guiné.

Asean – Associação das Nações do Sudeste Asiático

Foi criada em 1967, fruto de um acordo entre Cingapura, Indonésia, Filipinas, Malásia e Tailândia, com o intuito de incentivar e permitir o desenvolvimento econômico da região, além da estabilidade política, em um período de sérios conflitos militares locais. Oficialmente, essa reunião de países funciona como uma área de livre-comércio, embora não tenha havido reduções tarifárias uniformes nem se tenham alcançado as metas para reduzi-las igualmente. Há também uma forte disparidade econômica entre seus membros.

Países-membros: Brunei, Camboja, Indonésia, Cingapura, Filipinas, Laos, Malásia, Mianmá, Tailândia e Vietnã.

27. Índia

Dados populacionais:

- A Índia é o segundo país mais populoso do mundo.

- Da população indiana, 80% segue a religião hindu, o hinduísmo, que organiza a sociedade num sistema de castas formado por antigos grupos familiares e não permite o consumo de carne bovina. Os outros 20% são constituídos por muçulmanos, cristãos, *sikhs* e budistas.

- Presença de povos de origem indo-ariana (72%) ao norte; dravidiana (25%), ao sul; e mongol e centro-asiática (3%) em regiões do Himalaia e do leste.

- Paisagem indiana marcada por conflitos étnicos e religiosos.

- População estimada em 1,2 bilhão, 30% da população vive abaixo da linha da pobreza.

- A alta taxa de natalidade constitui um grande desafio ao país.

Mumbai (ex-Bombaim): uma das cidades mais populosas da Índia.

1. Que religião a maioria da população indiana segue?

2. Que religiões coexistem na Índia?

3. Faça o que se pede.

a) Que povos estão presentes no país?

b) Relacione os povos com as regiões do país.

(1) arianos
(2) dravidianos
(3) mongóis e centro-asiáticos

(   ) sul
(   ) regiões do Himalaia e leste
(   ) norte

4. Complete as lacunas.

a) A Índia é o país mais _____ do mundo.

b) A paisagem indiana é marcada por conflitos _____ e _____.

c) 30% da população indiana encontra-se _____.

5. Qual é o grande desafio da Índia atualmente?

Economia

A Índia tem se destacado na produção tecnológica, entretanto, sua base econômica continua sendo a exportação de produtos primários manufaturados.

Dados econômicos:
- Maior rebanho bovino do mundo, embora quase não se consuma carne bovina no país.
- Extração de ferro, carvão, petróleo e manganês.
- Criação de rebanhos ovino e suíno.
- Indústrias siderúrgica, química e têxtil (grande produtora).
- Cultivo de arroz, algodão, chá, trigo, soja e milho.

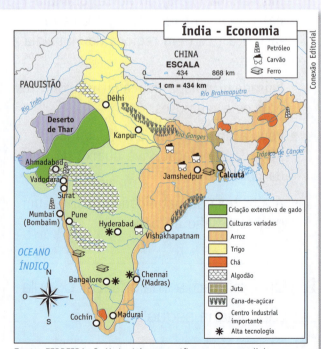

Fonte: FERREIRA, G. M. L. *Atlas geográfico espaço mundial.* São Paulo: Moderna, 2010.

6. Complete as lacunas.

A Índia tem se destacado na produção _____,
entretando sua _____ continua sendo a
_____.

7. Quais são os principais produtos agrícolas cultivados na Índia?

8. Responda às questões a seguir.
a) Que produtos minerais são extraídos no país?

b) Em que regiões se encontram esses recursos?

9. Que tipos de indústria estão presentes na Índia?

10. Em que regiões se encontram os principais centros industriais do país?

28. Japão

Com uma das civilizações mais antigas do mundo – desde 4000 a.C. –, o Japão mantém uma das sociedades mais homogêneas em termos étnicos e culturais, conservando ainda antigos valores e tradições.

Dados econômicos:

- Segunda maior indústria pesqueira do mundo, favorecida pela alta tecnologia presente no setor, caracterizada pelos "navios-indústria".

- Por causa da escassez de terra, a agricultura é, em geral, intensiva, com cultivo de arroz, chá, trigo, batata etc.

- Investimento norte-americano no desenvolvimento de tecnologia para a indústria, após a Segunda Guerra Mundial.

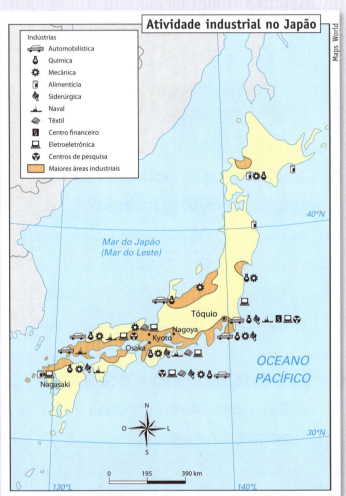

Fonte: *Imagès Economique du Monde*, 2009. Paris: Armand Colin, 2008.

1. Complete as lacunas.

O Japão tem uma das civilizações mais _____ do mundo. Apesar disso, mantém uma das _____ mais homogêneas em termos _____ e _____, conservando, ainda, antigos _____ e _____.

2. O que favorece a indústria pesqueira no Japão?

3. Em relação à agricultura:
a) Ela é extensiva ou intensiva?

b) Que fator torna a agricultura bastante intensiva?

c) Que produtos agrícolas são cultivados no Japão?

4. O que permitiu a inclusão de altas tecnologias na industrialização japonesa?

Responda às questões 5 e 6 com base no mapa de atividade industrial no Japão.

5. Cite quatro cidades importantes no país e identifique sua capital.

6. Que indústrias estão presentes no país?

Dados populacionais:
- 127 milhões de habitantes.
- Grandes concentrações urbanas.
- alto grau de alfabetização.
- Baixo índice de natalidade (0,1% ao ano).
- Alta expectativa de vida (87 anos para as mulheres e 80 para os homens).
- Boa qualidade de vida.

7. Assinale V para verdadeiro e F para falso.

( ) O Japão não obteve ajuda norte-americana após a Segunda Guerra Mundial.

( ) A agricultura é praticada de forma extensiva.

( ) Há grande desenvolvimento tecnológico nas indústrias.

( ) A população está concentrada em áreas rurais.

8. Corrija as afirmativas falsas da questão anterior.

9. Em 1950, com a arrancada para o desenvolvimento industrial, o Japão sofreu um grande crescimento demográfico, que foi controlado com a distribuição de pílulas anticoncepcionais e com a legalização do aborto. A que resultado levou esse controle que perdura até hoje?

10. Dê quatro características populacionais do Japão.

Tóquio, no Japão.

29. China

A China é o país de maior população no mundo, 1,3 bilhão. Possui o terceiro maior PIB com taxa média de crescimento anual a 9%. É o terceiro país em extensão territorial do mundo.

Dados econômicos:

- Maior produtor mundial de trigo, arroz e algodão.
- Maior rebanho suíno do mundo.
- Agropecuária voltada para o mercado interno.
- Reservas de petróleo no noroeste.
- Grandes reservas minerais de ferro e carvão.
- Abertura econômica com a presença de Zonas Econômicas Especiais (ZEEs) livres para o capital estrangeiro.

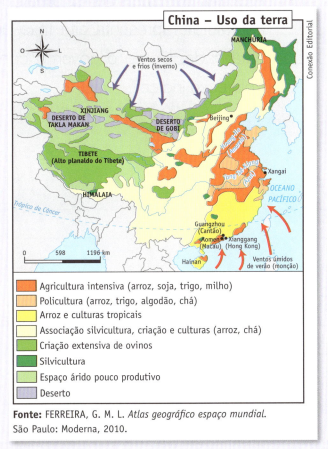

Fonte: FERREIRA, G. M. L. *Atlas geográfico espaço mundial*. São Paulo: Moderna, 2010.

Fonte: FERREIRA, G. M. L. *Atlas geográfico espaço mundial*. São Paulo: Moderna, 2010.

1. Com quais produtos a China se destaca como maior produtor mundial?

2. Que rebanho da China é o maior do mundo?

3. Observe o mapa "China – Uso da terra" e responda quais são os principais produtos agrícolas cultivados no país.

4. O que são as ZEEs?

5. Observe o mapa "China – Indústria".

a) Em que região se encontra a maior concentração industrial da China?

b) Quais são as principais cidades do país?

6. Por que as ZEEs possibilitam maior desenvolvimento das cidades?

> Dados populacionais:
> - A maior parte da população se concentra nas planícies úmidas da porção oriental.
> - Da População Economicamente Ativa – PEA – do país, mais da metade dedica-se à atividade agropecuária.
> - Existem medidas rígidas de controle para diminuir a taxa de natalidade, como a "política do filho único".
> - Há grande diversidade étnica.

7. A China, com mais de 1,3 bilhão de habitantes, apresenta alta taxa de natalidade. Como o governo controla esse índice?

8. Cite três características da população chinesa.

ÁFRICA

30. Os efeitos da colonização

Os interesses europeus no continente africano deixaram de ser meramente costeiros, pois passaram a visar às riquezas minerais contidas no interior do território. Além disso, a necessidade de expansão dos produtos agrícolas tropicais para exportação fez com que novos espaços agrícolas surgissem no interior, determinando um modelo de povoamento ao longo das estradas que foram abertas para ligar as regiões de produção aos portos de escoamento.

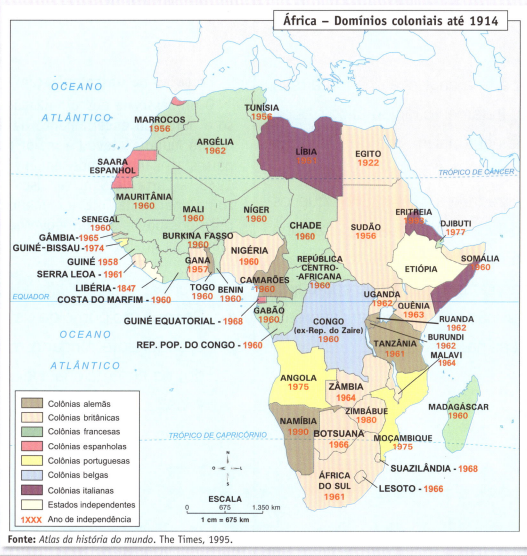

Fonte: *Atlas da história do mundo*. The Times, 1995.

1. O continente africano, que já havia sofrido a ação colonizadora em algumas porções costeiras de seu território, no século XVI – quando portugueses e espanhóis se destacaram pelos domínios coloniais –, tornou-se, a partir do século XIX, alvo da ação expansionista de outras nações europeias. Consulte o mapa e escreva, a seguir, os países que entraram na luta pela partilha africana.

2. A partilha da África chegou a receber tratamento diplomático das nações europeias, fato que se constata com a Conferência de Berlim, realizada em 1884-1885, que estabeleceu as normas do fracionamento do continente. Com base no mapa anterior, explique como ficou a divisão do território africano entre essas nações.

3. Quais eram os únicos estados africanos independentes no período dessa disputa?

Processo de descolonização

O processo de descolonização, intenso a partir do encerramento da Segunda Guerra Mundial, levou a maior parte dos países africanos à independência. Em 1945, a Carta de San Francisco oficializou a criação da ONU e evidenciou o direito dos povos ao autogoverno. Iniciaram-se as guerras pela independência.

4. Por que, do ponto de vista político, o continente africano é constituído, na sua maioria, por países jovens?

5. Encerrada a Segunda Guerra Mundial, iniciou-se um forte movimento africano contra a dominação europeia. Identifique o fato mais importante que colaborou para que começasse a descolonização.

> **Política do *apartheid***
>
> A participação dos negros na vida social e política de alguns países tornou-se impraticável, já que o branco limitou o acesso dos negros à educação e a determinados cargos públicos. Tal situação passou a ser conhecida como **política do *apartheid***, efetivada principalmente na África do Sul. Teve suas raízes baseadas nos interesses de exploração econômica e na necessidade de controlar a força de trabalho do negro nativo e dos imigrantes indianos.

6. Desde o início da luta africana pela descolonização do continente, os países têm declarado o seu repúdio contra o racismo. Por que a busca da independência foi também uma luta declarada contra o branco?

7. O *apartheid* – termo que em africâner significa "identidade separada" – foi legislado em 1948, pelos bôeres, hoje denominados africânderes, descendentes de holandeses que povoaram a África do Sul a partir do século XVII. Explique quais foram as raízes da política do *apartheid*.

8. Explique por que o *apartheid* não é somente uma política racista.

Nelson Mandela, símbolo na luta pelo fim do *apartheid*.

31. A divisão política

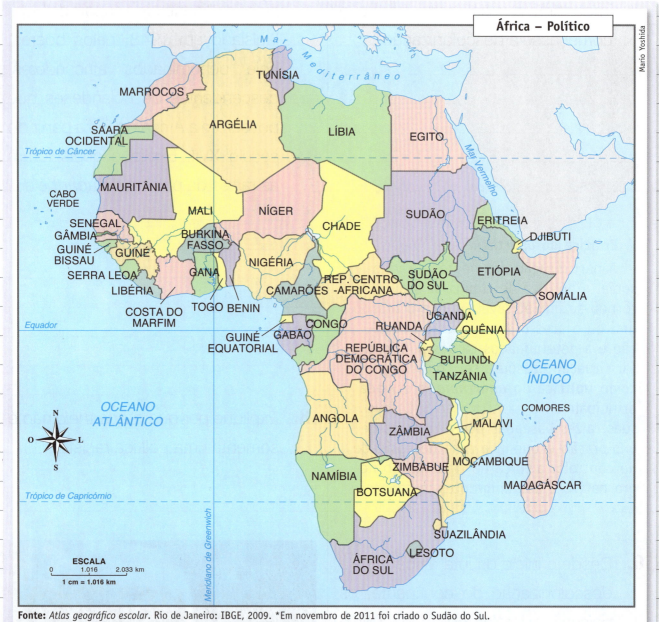

Fonte: *Atlas geográfico escolar*. Rio de Janeiro: IBGE, 2009. *Em novembro de 2011 foi criado o Sudão do Sul.

1. O continente africano é o único atravessado simultaneamente pela linha do Equador e pelo Meridiano de Greenwich. Portanto, apresenta terras nos quatro hemisférios do globo. Quais são os paralelos importantes que cortam o continente africano?

32. A paisagem natural

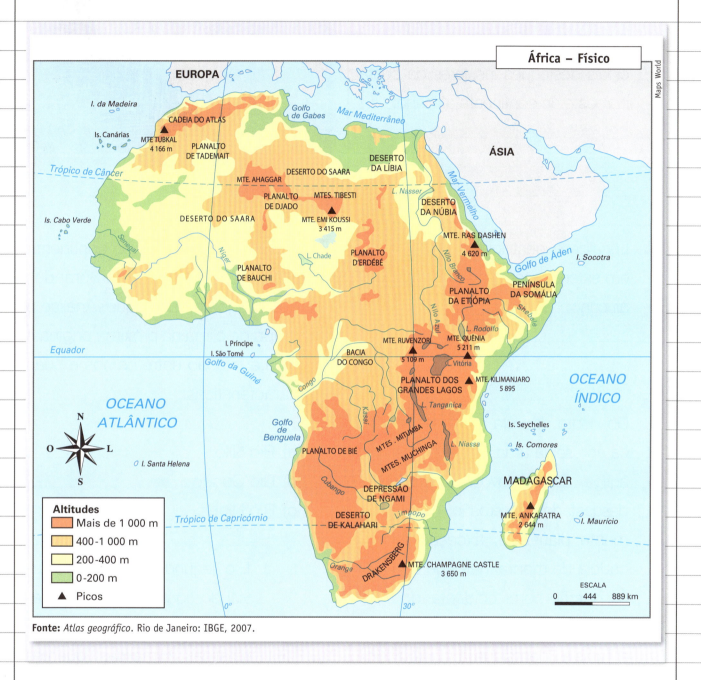

Fonte: *Atlas geográfico*. Rio de Janeiro: IBGE, 2007.

2. O litoral africano é o menos recortado de todo o globo, destacando-se alguns golfos. Consulte o mapa e relacione-os a seguir.

3. O continente apresenta uma extensão territorial bastante compacta. Observe o mapa e identifique os principais destaques insulares da costa noroeste do continente africano.

Deserto da Namíbia, na África.

4. Localize e identifique a principal ilha em extensão territorial do continente africano.

5. Do ponto de vista geológico, a África apresenta uma estrutura bastante antiga, daí o relevo aparecer muito desgastado pela erosão – é basicamente planáltico, exceção feita à cadeia de montanhas que aparece na porção norte-ocidental do território, entre o Marrocos, a Argélia e a Tunísia. Identifique-a.

6. Localize no mapa os mais baixos planaltos africanos.

7. Quanto à hidrografia, o continente africano é marcado por grandes rios e lagos de destaque. Analise o mapa de clima na próxima página e faça a relação entre os rios e suas características:

a) Rio Nilo
b) Rio Congo
c) Rio Níger

( ) É o segundo em extensão fluvial do continente e, por atravessar uma região de características climáticas quentes e úmidas, apresenta o segundo maior volume de água do mundo.

( ) Percorre a Nigéria, Níger-Benin, Níger, Máli, Guiné e deságua no golfo da Guiné.

( ) É o mais extenso do Velho Mundo, atravessa uma imensa região árida e fertiliza sua margem com a deposição de ricos aluviões, permitindo o desenvolvimento de uma agricultura muito próspera após as enchentes sazonais.

8. Na parte centro-oriental do continente, existem os mais elevados planos, acompanhados de muitos falhamentos, onde são comuns as fossas tectônicas. Nessas depressões estão alojados os muitos lagos da região. Identifique os principais destaques dessa porção.

9. Relacione as condições climáticas do continente africano com o relevo e sua posição geográfica.

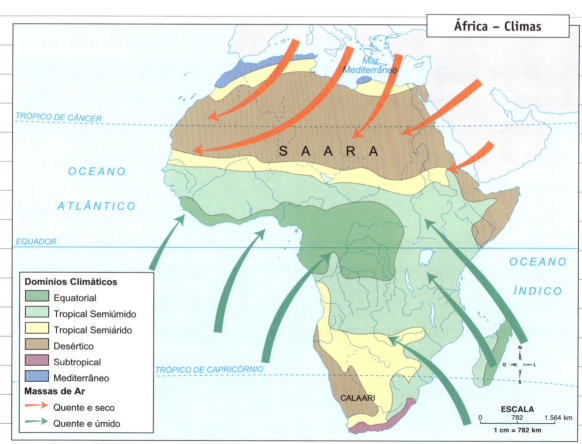

África – Climas

Fonte: *Atlas geográfico*. São Paulo: Melhoramentos, 2002.

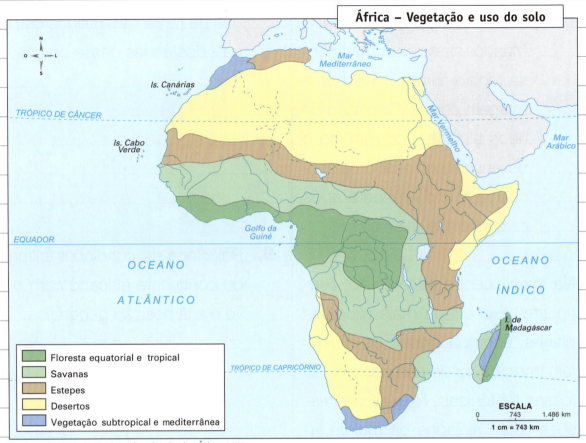

África – Vegetação e uso do solo

Fonte: SIMIELLI, M. E. *GeoAtlas*. São Paulo: Ática, 2002.

10. A posição geográfica do continente, a grande extensão territorial e a dinâmica das massas de ar conferem à África uma grande diversidade natural. Relacione os tipos de clima com a vegetação original.

a) Clima equatorial, marcado por altas temperaturas anuais e intensa pluviosidade.

b) Clima subtropical, com estações mais demarcadas.

c) Clima mediterrâneo, com pluviosidade mais intensa no inverno.

d) Desértico, marcado pelas amplitudes térmicas diárias bastante acentuadas, com dias muito quentes e noites muito frias.

e) Tropical semiúmido.

f) Tropical semiárido.

(   ) Vegetação tipicamente rasteira, porém empobrecida pelo rigor climático, conhecida por estepes semiáridas.

(   ) Deserto do Saara, ao norte, e do Calaari, ao sul.

(   ) Floresta equatorial do Congo, onde ocorre uma das maiores pluviosidades do planeta.

( ) Vegetação de características arbustivas denominada savana. Nela intercalam-se pequenas árvores e gramíneas, e a fauna é extremamente rica.
( ) Vegetação mediterrânea.
( ) Vegetação mediterrânea ou subtropical.

Vegetação de savana, típica da África.

33. O povo no quadro demográfico

A chamada **África Saariana** corresponde à porção setentrional do continente, a norte do deserto do Saara, na faixa do Mediterrâneo. A **África Subsaariana** caracteriza o centro-sul do continente.

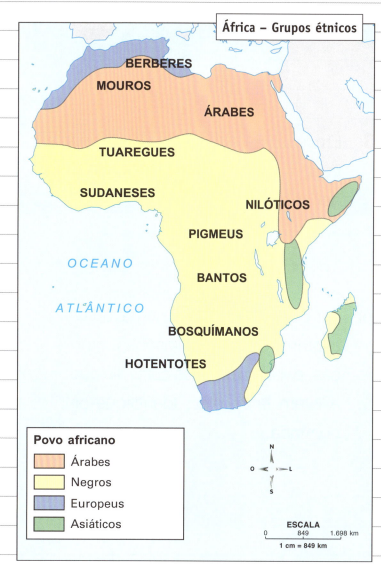

1. Os grupos étnicos de origem árabe se fixaram em que porção do território africano?

Fonte: *Atlas geográfico espaço mundial*. São Paulo: Moderna, 2001.

2. Por que o deserto do Saara, que abrange toda a parte setentrional da África, acompanhando o sentido do Trópico de Câncer, é considerado um divisor da distribuição étnica no continente?

3. Em qual região da África encontram-se os grupos humanos de origem negra e asiática?

4. Os povos de origem negra apresentam várias ramificações étnicas, daí as diferenças culturais que existem entre eles. Identifique-os no mapa.

5. Apesar de a África Subsaariana corresponder, em sua maioria, à população negra, nela podemos encontrar minorias de origem europeia. Localize-as no mapa.

6. Identifique o país do extremo sul do continente onde a política de dominação branca gerou uma série de problemas raciais.

7. Principalmente em razão das condições naturais do território, a população africana encontra-se irregularmente distribuída no espaço geográfico. Identifique os condicionadores físicos responsáveis pelos cinturões de despovoamento.

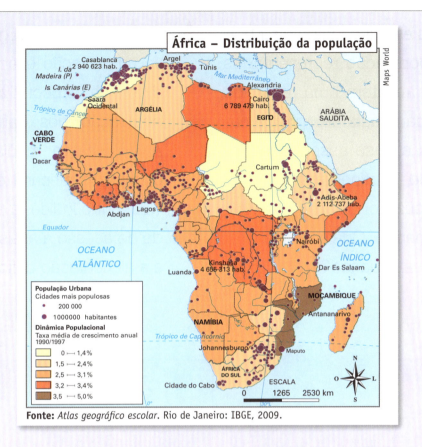

Fonte: Atlas geográfico escolar. Rio de Janeiro: IBGE, 2009.

Continente	Nº de países	Área (em km²)	População total (milhões)	Densidade (hab./km²)	População urbana (%)	Mortalidade infantil (a cada mil nascimentos)*
África	55	30.230.000	102.663.169	3,40	39,6	88
Ásia	47	44.482.000	4.211.452.137	94,68	45,0	53
América do Norte	3	23.651.000	357.687.172	15,12	82,2	7
América Central	20	731.000	98.980.502	135,40	72,4	32
América do Sul	12	17.833.000	39.836.488	2,23	83,1	32
Europa	49	10.360.000	769.109.271	74,24	72,9	9
Oceania	15	8.480.000	37.631.139	4,44	70,7	26

Fonte: World Population Prospects: The 2010 Revision. United Nations, 2010.
Disponível em: <http://un.org/esa/population/unpop.htm>. Acesso em: jan. 2013.

*Dados do Almanaque Abril de 2005.

8. Os dados estatísticos de distribuição de população representados na tabela refletem uma realidade econômica bastante problemática, pois a base essencialmente agrária do continente africano é fruto de sua condição de subdesenvolvimento. Quais índices refletem essa situação?

9. As características gerais da baixa urbanização exercem influência direta na expectativa de vida da população dos países africanos. A expectativa média de vida da população africana é de 53 anos. Qual outro índice revela a dificuldade de acesso à assistência médica e a alimentação deficiente?

AS CIDADES MAIS POPULOSAS DA ÁFRICA (habitantes)	
Lagos – Nigéria	8.714.228
Cairo – Egito	7.734.334
Kinshasa – Rep. Dem. Congo	6.301.100
Alexandria – Egito	3.806.300
Addis Ababa – Etiópia	3.627.934
Casablanca – Marrocos	3.344.300
Abidjan – Costa do Marfim	3.310.500
Kano – Nigéria	3.248.700

Fonte: United Nations, 2010.
Disponível em: <www.un.org>. Acesso em: fev. 2013.

34. Os conflitos internos

As razões principais dos conflitos que tomam conta da África têm muito a ver com a herança colonial. Quando dividiram a África, as metrópoles europeias não levaram em conta as divergências e os antagonismos existentes. Juntaram povos rivais e separaram povos que tinham características semelhantes.

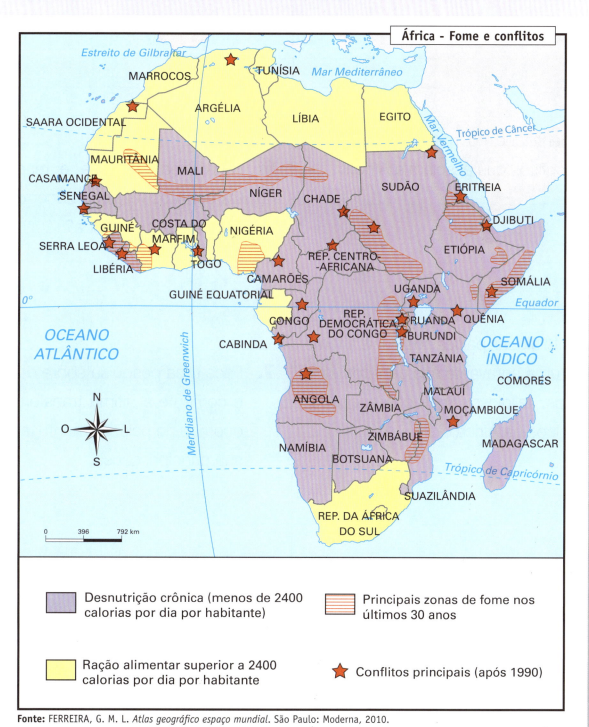

Fonte: FERREIRA, G. M. L. *Atlas geográfico espaço mundial*. São Paulo: Moderna, 2010.

1. Quais são as origens dos conflitos que tomam conta da África?

2. Identifique no mapa os principais conflitos que assolam a África.

3. Cite alguns países nos quais a fome é uma agravante aos conflitos étnicos, religiosos, políticos e econômicos na África.

4. Quais são os principais tipos de conflitos que assolam a África?

5. Cite alguns países do continente africano nos quais esses tipos de conflitos ocorrem.

6. Faça uma pesquisa e responda: Os conflitos religiosos ocorrem em quais países da África?

7. Faça uma pesquisa sobre o Sudão e comente a última transformação ocorrida no país. Comente também sua principal causa.

35. A regionalização do continente

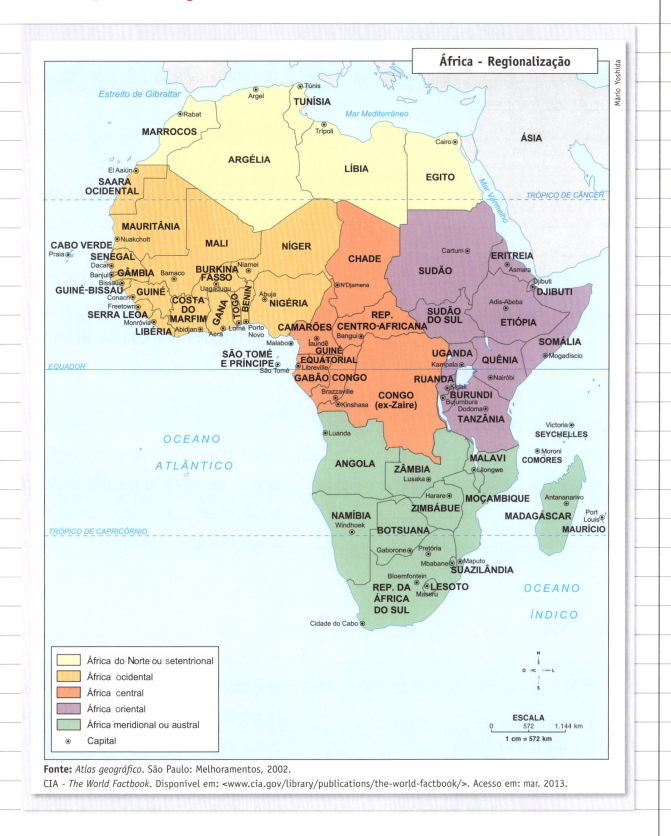

Fonte: *Atlas geográfico*. São Paulo: Melhoramentos, 2002.
CIA - *The World Factbook*. Disponível em: <www.cia.gov/library/publications/the-world-factbook/>. Acesso em: mar. 2013.

1. Consulte o mapa "África – Domínios coloniais até 1914" e identifique os países de cada região africana.

a) África francesa:

b) África inglesa:

c) África alemã:

d) África portuguesa:

e) África espanhola:

f) África belga:

g) África italiana:

2. A segmentação histórica da África tem grande influência na política, na economia, na constituição da população e na cultura de cada país. Se usássemos esse critério na divisão do continente, qual seria a região com o maior número de países?

3. Com base no mapa da regionalização geográfica da África, identifique qual região apresenta maior fragmentação dos países.

4. A região de menor fragmentação política do continente é a África do Norte ou setentrional. Quais países a constituem?

ÁFRICA DO NORTE OU REGIÃO DO MAGREB					
País	Capital	Superfície (km²)	População (2010)	Densidade demográfica (hab./km²)	Pop. urbana (%)
Argélia	Argel	2.381.741	35.468.208	14,9	60
Egito	Cairo	1.001.449	81.121.077	81,0	45
Líbia	Trípoli	1.775.500	6.355.112	3,6	88
Marrocos	Rabat	710.850	31.951.412	44,9	56
Tunísia	Túnis	163.610	10.480.934	64,1	66

ÁFRICA OCIDENTAL					
País	Capital	Superfície (km²)	População (2010)	Densidade demográfica (hab./km²)	Pop. urbana (%)
Benin	Porto Novo	112.622	8.849.892	78,6	42
Burkina Fasso	Uagadugu	274.200	16.468.714	60,1	19
Cabo Verde	Cidade de Praia	4.033	495.999	123,0	62
Costa do Marfim	Abidjan	322.463	19.737.800	61,2	46
Gâmbia	Banjul	11.295	1.728.394	153,0	32
Gana	Acra	238.538	24.391.823	102,3	38
Guiné	Conacri	245.857	9.981.590	40,6	33
Guiné-Bissau	Bissau	36.125	1.515.224	41,9	24
Libéria	Monróvia	111.369	3.994.122	35,9	45
Mali	Bamaco	1.240.142	15.369.809	12,4	30
Mauritânia	Nuakchott	1.030.700	3.459.773	3,4	58
Níger	Niamei	186.408	15.511.953	83,2	21
Nigéria	Abuja	923.768	158.423.182	171,5	44
Senegal	Dacar	196.722	12.433.728	63,2	47
Serra Leoa	Freetown	71.740	5.867.536	81,8	37
Togo	Lomé	56.785	6.027.798	106,2	31

ÁFRICA CENTRAL					
País	Capital	Superfície (km²)	População (2010)	Densidade demográfica (hab./km²)	Pop. urbana (%)
Camarões	Iaundê	475.442	19.598.889	41,2	49
Chade	Ndjamena	1.284.000	11.227.208	8,7	24
Congo	Brazzaville	342.000	4.042.899	11,8	63
Gabão	Libreville	267.667	1.505.463	5,6	81
Guiné Equatorial	Malabo	28.051	700.401	25,0	48
Rep. Centro-Africana	Bangui	622.436	4.401.051	7,1	41
Rep. Dem. do Congo	Kinshasa	2.344.885	65.965.795	28,1	30
São Tomé e Príncipe	São Tomé	964	165.397	171,6	46

ÁFRICA ORIENTAL					
País	Capital	Superfície (km²)	População (2010)	Densidade demográfica (hab./km²)	Pop. urbana (%)
Burundi	Bujumbura	27.834	8.382.849	301,2	9
Djibuti	Djibuti	23.200	888.716	38,3	83
Eritreia	Asmará	121.143	5.253.676	43,4	19
Etiópia	Adis-Abeba	1.130.139	82.949.541	73,4	18
Quênia	Nairóbi	582.646	40.512.682	69,5	33
Ruanda	Kigali	26.338	10.624.005	403,4	6
Seychelles	Victoria	455	86.518	190,1	63
Somália	Mogadíscio	637.657	9.330.872	14,6	28
Sudão	Cartum	1.886.068	34.318.385	18,2	36
Sudão do Sul	Juba	644.329	10.314.021	16,0	
Tanzânia	Dodoma	939.470	44.841.226	47,7	33
Uganda	Campala	241.038	33.424.683	138,7	14

ÁFRICA MERIDIONAL OU AUSTRAL					
País	Capital	Superfície (km²)	População (2010)	Densidade demográfica (hab./km²)	Pop. urbana (%)
África do Sul	Cidade do Cabo	1.223.201	50.132.817	41,0	50
Angola	Luanda	1.246.700	19.081.912	15,3	34
Botsuana	Gaborone	581.730	2.006.945	3,4	50
Comores	Moroni	1.862	734.750	394,6	33
Lesoto	Maseru	30.355	2.171.318	71,5	28
Madagáscar	Antananarivo	587.041	20.713.819	35,3	30
Malavi	Lilongwe	118.484	14.900.841	125,8	25
Maurício	Port Louis	2.045	1.299.172	635,3	41
Moçambique	Maputo	799.380	23.390.765	29,3	40
Namíbia	Windhoeck	824.292	2.283.289	2,8	31
Suazilândia	Mbabane	17.364	1.186.056	68,3	26
Zâmbia	Lusaka	752.614	13.088.570	17,4	40
Zimbábue	Harare	390.759	12.571.454	32,2	35

Fonte: World Population Prospects: the 2010 Revision. United Nations, 2010. Disponível em <http://esa.un.org/wpp/Excel-Data/population.htm>. Acesso em fev. 2013.

5. Qual é o maior e o menor país da África em extensão territorial?

6. Qual é o país mais povoado e o menos povoado da África?

7. Faça uma relação entre as características físicas e a ocupação desses territórios.

8. Identifique, por meio dos dados estatísticos, qual é a região mais povoada e a menos povoada da África.

9. Recordando as condições naturais do continente africano, faça uma relação entre as características físicas e a ocupação dos territórios.

10. Quais países constituem o norte da África – do Magreb ao Saara?

11. Consulte o capítulo 33 e descubra o nome da região africana que podemos considerar mais homogênea em termos culturais.

12. O Magreb se constitui em uma porção isolada dentro do continente africano e estrategicamente localizada. Identifique a sua posição geográfica no planisfério político do Miniatlas.

13. Durante a colonização, a região do Magreb foi dominada por qual país europeu?

14. Consulte o capítulo 32 e identifique a cadeia de montanhas do Magreb responsável por barrar a umidade que vem do oceano Atlântico e do mar Mediterrâneo para o interior do continente.

15. A Líbia e o Egito são marcados pela presença do maior deserto quente do mundo. Identifique-o.

16. O Egito apresenta uma condição natural privilegiada pela presença do rio mais extenso do Velho Mundo. Identifique esse rio.

17. Quais países constituem a África ocidental?

18. Consulte o capítulo 33 e identifique o país mais populoso da região.

19. Quais países constituem a África equatorial?

20. O coração da África foi a região mais explorada pelos europeus. Qual país que teve suas reservas de diamantes exploradas pela Bélgica desde o século XIX.

21. A marca da colonização reflete-se na economia dos países, haja vista a organização da União das Repúblicas Centro-Africanas (1960), para a coordenação aduaneira e econômica das antigas colônias francesas. Consulte o capítulo 30 e identifique esses países centro-africanos.

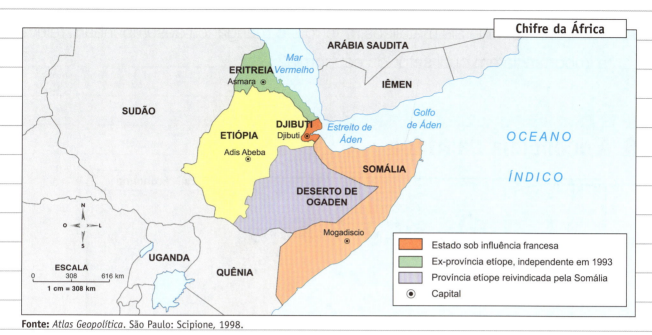

Fonte: *Atlas Geopolítica*. São Paulo: Scipione, 1998.

22. Quais países constituem o chamado "Chifre da África"?

23. Os conflitos que atrasam o desenvolvimento dessa região decorrem, em primeiro lugar, de sua posição geográfica estratégica, que sempre despertou os interesses das grandes potências, visando ao controle das rotas marítimas. Identifique sua posição geográfica no mapa.

24. O deserto de Ogaden localiza-se em qual nação africana?

25. Quais países constituem a África austral ou meridional?

26. A sede da SACU – União Aduaneira da África austral – fica em Pretória, capital administrativa da África do Sul. Se necessário faça uma pesquisa em livros e na internet e identifique as capitais legislativa (ao sul) e judiciária (região central) desse país.

27. Dos recursos minerais metálicos, o ferro e o manganês desempenham relevante importância em qual setor da economia?

36. A economia da África

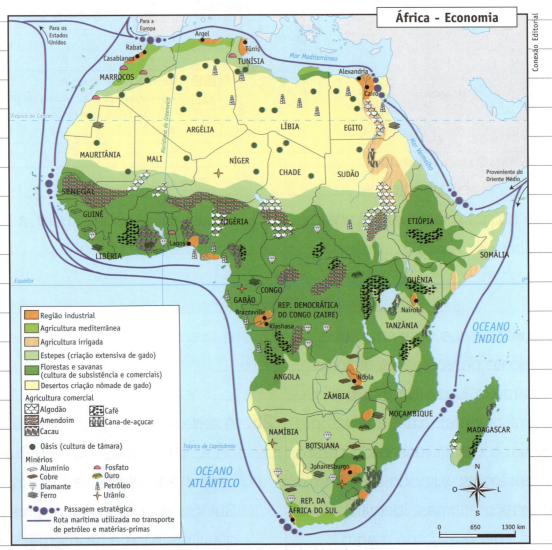

Fonte: FERREIRA, G. M. L. *Atlas geográfico espaço mundial*. São Paulo: Ed. Moderna, 2010.

1. Relacione as atividades econômicas com as condições físicas da região Norte da África.

2. Relacione as atividades econômicas com as condições físicas do Saara ocidental.

3. Que tipo de atividade econômica é desenvolvida no deserto?

4. Em razão de suas características geológicas, o continente africano dispõe de grande quantidade e variedade de recursos minerais. Identifique no mapa os principais recursos minerais explorados na África ocidental.

5. Qual é o país maior produtor de petróleo da região e membro da Organização dos Países Exportadores de Petróleo (Opep)?

6. Qual rio atravessa a Nigéria de norte a sul, fertilizando a terra e fixando mais da metade da população no campo?

7. Além da exploração dos recursos minerais energéticos, que outras atividades econômicas são beneficiadas pelas condições naturais da Nigéria?

8. As pequenas áreas industriais limitam-se a poucas cidades e são basicamente dos setores alimentício, petrolífero e têxtil. Identifique uma área industrial da região no mapa.

9. Identifique no mapa o recurso mineral explorado pela República Democrática do Congo (Zaire), além do diamante, do cobalto, do zinco, do estanho, do manganês, do cobre e do urânio.

10. Atravessado pela linha do Equador, a República Democrática do Congo (Zaire) tem um clima equatorial chuvoso e é coberto por uma extensa floresta tropical, explorada pelo extrativismo vegetal – na região da bacia do rio Congo. Além do palmito, quais são os produtos dessa extração? Se necessário, faça uma pesquisa em livros e na internet.

11. Em razão dos solos férteis, qual atividade econômica é predominante no território da República Democrática do Congo (Zaire)?

12. O "Chifre da África" é uma das regiões mais pobres do mundo. Identifique as atividades econômicas predominantes nessa região.

13. A África do Sul é o maior produtor mundial de ouro e conta também com grandes reservas de diamante, carvão e outros minerais, que correspondem a grande parte de suas exportações. Identifique os outros minerais explorados em seu território.

14. A produção industrial sul-africana – química, petrolífera, alimentícia, equipamentos de transporte, metalúrgica, siderúrgica, máquinas industriais, papel – representa quase 50% da industrialização de todo o continente. Localize no mapa onde estão concentrados esses parques industriais.

15. Qual é a atividade econômica predominante nos outros países da África austral?

16. O principal bloco econômico africano é a SADC – Comunidade da África Meridional para o Desenvolvimento –, com 14 membros e sede em Gaborone. Mas novas organizações têm sido criadas. Em qual país sul-africano está a sede da SADC?

17. Desde a agricultura de monocultura até a exploração mineral, de que maneira encontramos a influência europeia e norte-americana no território africano?

ANOTAÇÕES

MINIATLAS

PLANISFÉRIO POLÍTICO

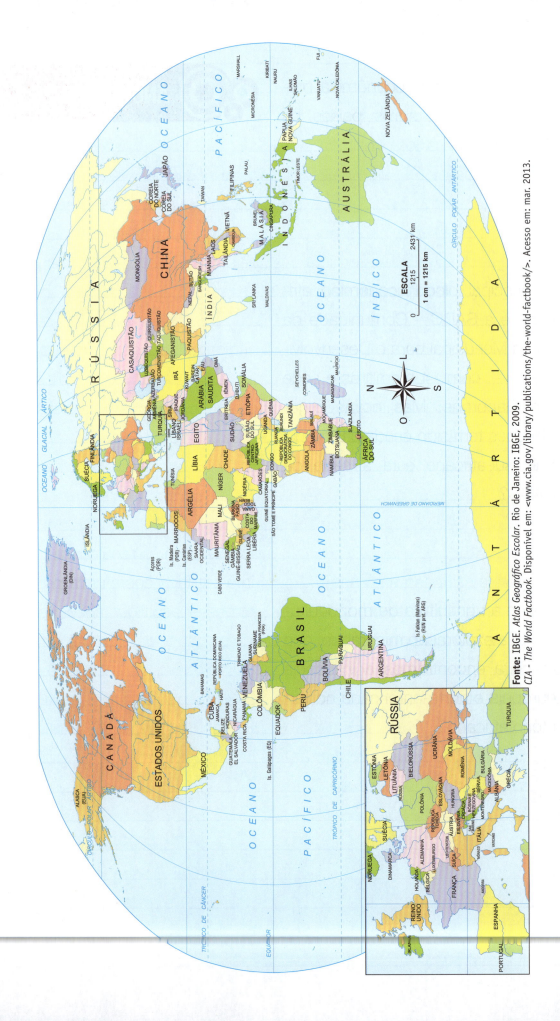

Fonte: IBGE. *Atlas Geográfico Escolar*. Rio de Janeiro: IBGE, 2009. CIA - *The World Factbook*. Disponível em: <www.cia.gov/library/publications/the-world-factbook/>. Acesso em: mar. 2013.

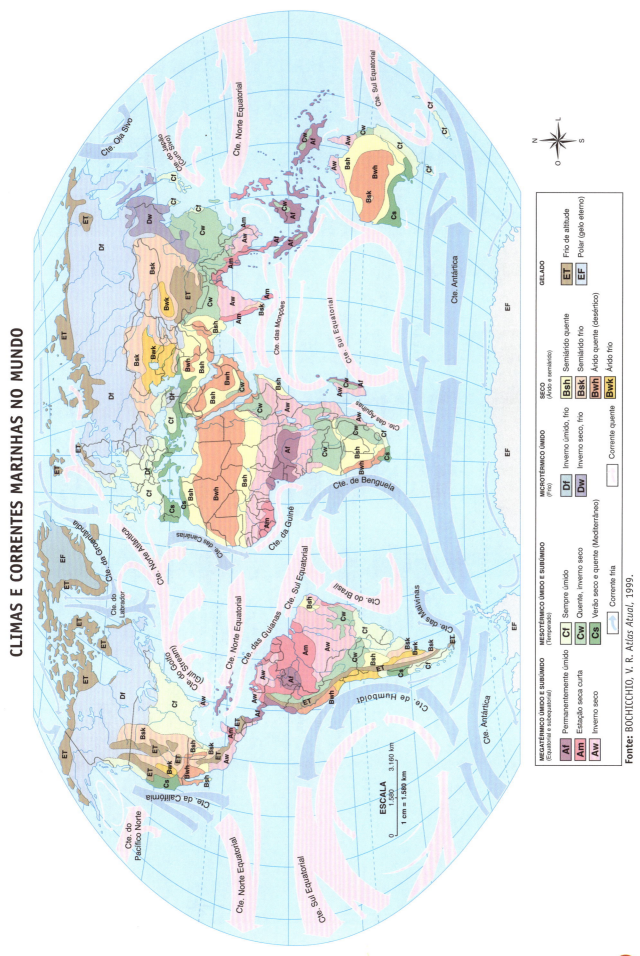

MINIATLAS

EUROPA POLÍTICO

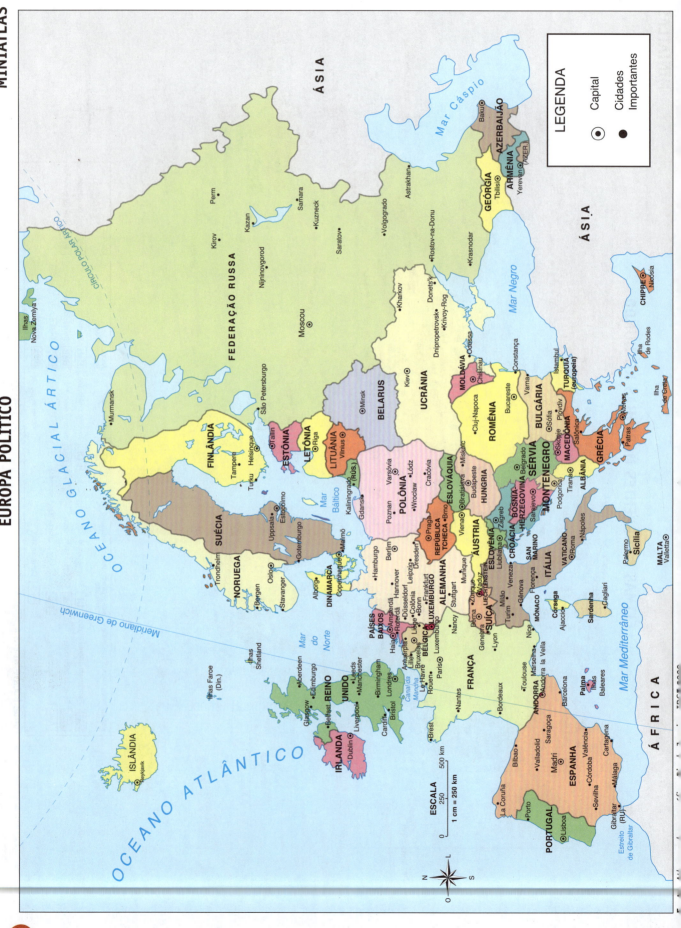